Das fremde Japan: Ainu – Kami –Shinto

Ina Mahlstedt

# Das fremde Japan:
# Ainu – Kami – Shinto

Die prähistorischen Wurzeln im Weltbild der Japaner

**Bibliografische Information der Deutschen Nationalbibliothek**
Die Deutsche Nationalbibliothek verzeichnet diese Publikation
in der Deutschen Nationalbibliografie; detaillierte bibliografische
Daten sind im Internet über http://dnb.d-nb.de abrufbar.

Umschlagabbildung:
© Ina Mahlstedt

ISBN 978-3-631-64849-0 (Print)
E-ISBN 978-3-653-03840-8 (E-Book)
DOI 10.3726/978-3-653-03840-8

© Peter Lang GmbH
Internationaler Verlag der Wissenschaften
Frankfurt am Main 2014
Alle Rechte vorbehalten.
PL Academic Research ist ein Imprint der Peter Lang GmbH.

Peter Lang – Frankfurt am Main · Bern · Bruxelles · New York ·
Oxford · Warszawa · Wien

Das Werk einschließlich aller seiner Teile ist urheberrechtlich
geschützt. Jede Verwertung außerhalb der engen Grenzen des
Urheberrechtsgesetzes ist ohne Zustimmung des Verlages
unzulässig und strafbar. Das gilt insbesondere für
Vervielfältigungen, Übersetzungen, Mikroverfilmungen und die
Einspeicherung und Verarbeitung in elektronischen Systemen.

www.peterlang.com

# Inhaltsverzeichnis

| | |
|---|---|
| Vorwort | 7 |
| 1 Teil : Die *Kamui* und die *Kami* Japans | 9 |
| 2 Teil: Die Ainu - Die Welt der frühen Jäger | 17 |
|    Quellenlage und Forschungsstand | 18 |
|    Die Lebenswelt der Ainu | 20 |
|    Die *Kamui* der Ainu | 23 |
|    Shiramba-*Kamui* und Fushi-*Kamui* | 31 |
|    *Inau* und Sake Geschenke für die *Kamui* | 35 |
|    Yukar - "Gesänge der Götter, Gesänge der Menschen" | 41 |
|    Yukar 1 Lied der Kararat *Kamui*, der Krähe | 44 |
|    Yukar 7 Gesang der *Kamui* des Wassers | 47 |
|    Yukar 9 Lied eines Bären | 56 |
|    Das *Lyomante* | 65 |
| 3 Teil: Die *Kami* des Shinto | 71 |
|    Der Schöpfungsmythos des Shinto und der Reis | 72 |
|    Die Shinto-Schreine | 83 |
|    Naturheiligtümer des Shinto | 93 |
|    Die Symbolik der *Iwakura* -Steine | 103 |
| 4 Teil: Die *Kami* im heutigen Japan | 109 |
|    Die Einsamkeit der Japaner und ihre „Zuflucht" zum Buddhismus | 119 |
| Literatur | 125 |

# Danksagung

Ich danke meinem alten Freund Thomas Metscher, dass er mich zur Veröffentlichung dieses Textes gedrängt hat. Wie hätte ich mein Manuskript ohne die Hilfe meiner lieben Lektorin Daniela Frankenstein und wie ohne die computertechnische Unterstützung von Martin Brinkmann fertig bekommen können? Immer habe ich mich über diese Zusammenarbeit gefreut und danke beiden von Herzen.

Alle Fotos und Zeichnungen: Ina Mahlstedt. Die Zeichnungen entstanden nach Fotografien aus den japanischen Museen von Nibutami und Shiroia.

# Vorwort

Im Frühsommer 2010 fuhr ich nach Japan, um mir in Hokkaido ein Bild von der einstigen Lebenswelt der Ainu-Jäger zu machen, über die ich längere Zeit im Rahmen meiner religionswissenschaftlichen Forschungen zu prähistorischen Religionen gearbeitet hatte. Mich interessierte ihr eigenwilliges Weltbild, demzufolge sich die Menschen ihren Lebensraum mit unsichtbaren Naturwesen, den so genannten *Kamui*, teilen, die sich in den schöpferischen Kräften des Daseins offenbaren. Zum Verständnis prähistorischer Kulturen und Jägergesellschaften gehört es unbedingt, die Eigenarten der ursprünglichen Lebenswelt zu kennen und einen Einblick in die naturräumlichen Verhältnisse zu bekommen. Ist es doch ein großer Unterschied, ob Menschen in wüstenähnlicher Kargheit und Trockenheit, in arktischer Kälte, in Urwäldern oder in moderatem Klima leben, ob sie auf Inseln oder im Gebirge beheimatet sind.

Als ich zu meiner dreiwöchigen Reise nach Hokkaido aufbrach, besaß bereits recht umfangreiche „Schreibtischkenntnisse" über die religiöse Vorstellungswelt der Ainu, denn in Kobe hatte ich zu diesem Thema einen Vortrag vor der deutsch-japanischen Gesellschaft vorbereitet. Mit einem Bahnticket reise ich im Anschluss daran über die Kinki-Halbinsel und ihre alten Naturheiligtümer nach Ise und über Tokio und Nikko weiter nach Sapporo.

Diese Woche in Japan hat mich eine unerwartete große Ähnlichkeit zwischen den *Kamui* der Ainu und den japanischen *Kami*, jenen vom Shinto verehrten Geistwesen erkennen lassen, die in der japanischen Shinto-Literatur allerdings so gut wie überhaupt nicht reflektiert wird. Das war eine spannende und zugleich verblüffende Entdeckung für mich. Einmal aufmerksam geworden auf diese „kulturelle Übereinstimmung", habe ich sie auf der ganzen Reise verfolgt und mich immer wieder gewundert, warum mir dieser Aspekt vermittels der vielfältigen Literatur über Japan und den Shinto, die ich für meine Arbeit herangezogen hatte, nicht aufgefallen war – oder nicht auffallen konnte?

Der Fokus, mit dem ich durch Japan reiste, gab mir eine besondere Blickrichtung auf das Land, seine Kultstätten und auf die Menschen, die ich als Außenstehende beobachtete, so dass ich etwas wahrnehmen konnte, das den Shinto-Gelehrten selber kaum bewusst ist. Der vorliegende Text nun beleuchtet die archaische Welt der Ainu und die Vorstellungen des Shinto; er stellt sie nebeneinander, so dass die ursprünglichen Ideen der Jäger in dem veränderten mythischen

Gewand des Shinto doch immer noch gut sichtbar werden können. Meine Arbeit will nicht allgemeine Charakteristika und Strukturen des Shinto aufzeigen, sie kann auch kein umfassendes Bild über die frühen Ainu-Jäger präsentieren oder ein allgemeines Japan-Buch sein. Nicht zuletzt auf Grundlage der alten authentischen *Yukar*, den „Schöpfungsmythen" der Ainu, liefert die vorliegende Arbeit Einblicke in eine prähistorische Welt, deren geistiges Fundament offensichtlich in der Grundstruktur des Shinto seine Fortsetzung gefunden hat.

„Die Erscheinungen religiösen Verhaltens sind so alt,
wie die menschliche Gesellschaft selber"
(Ichiro Hori, 1968)

# 1 Teil: Die Kamui und die Kami Japans

Als ich nach Japan fuhr, um meine religionswissenschaftlichen Forschungen über die alte Jägerkultur der Ainu zu konkretisieren, war ich überrascht, wie fremdartig das hoch industrialisierte Japan auf mich wirkte, hatte ich doch einen mehr oder weniger westlichen, konsumorientierten Lebensstil erwartet. Auf meiner Reise durch Japan war mir nicht nur aufgefallen, wie freundlich, respektvoll und formell die Japaner miteinander umgehen; ich wunderte mich auch über die ästhetische Sauberkeit, die ruhige Atmosphäre auf öffentlichen Plätzen, Bahnhöfen und Straßen, die sich auffallend wohltuend von der gewohnten Hektik in unseren europäischen Städten unterscheidet. Trotz der vielen Menschen war alles gepflegt und achtsam gestaltet. Selbst vor den Fabriken und Gewerbehallen sah ich Kübelpflanzen, und trotz der räumlichen Enge standen überall Bäume; selbst auf einem winzigen Balkon war noch Platz für einen schönen Bonsai oder eine Blumenschale.

Als ich von Osaka und Nara aus durch die Region Kinki in das Staatsheiligtum von Ise fuhr, um dabei viele der alten vorbuddhistischen Naturheiligtümer des Shinto zu besuchen, fand ich vieles, was mich an die Vorstellungen der Ainu erinnerte, an ihre von *Kamui* bevölkerte Lebenswelt. So heißt beispielsweise der alte Pilgerweg im dicht bewaldeten Süden der Halbinsel immer noch "Kumano", benannt nach dem Bären „Kuma", der mächtigsten Gottheit der Ainu. Auch ein alter Baum, ein Wasserfall, ein riesiger Stein, der in delikatem Gleichgewicht auf einem Felsvorsprung ruht, oder eine hoch aufragende Felswand am Meer gelten im Shinto als von *Kami* bewohnte Stätten.

*Abb. 1 Blick vom Goethe-Institut auf das Bahnhofsgelände von Osaka*

Wäre es denkbar, dass es sich auch bei den kleinen Gärten und Grünanlagen inmitten des engen Straßengewirrs japanischer Millionenstädte noch um Wohnplätze der Kami handelt? Könnte die respektvolle Verneigung der Japaner, die sich in der Achtsamkeit des Zen-Buddhismus fortsetzt, könnten die Prinzipien von Reinheit, Sauberkeit, von Respekt und Rücksichtnahme vielleicht auf das geistige Erbe der Ainu zurückgeführt werden?

Das war ein faszinierender Gedanke, der mich die gesamte Reise über nicht mehr loslassen sollte. Von meinem Schreibtisch aus hatte ich aufgrund der theoretischen Arbeitsweise einen solchen Zusammenhang überhaupt nicht erkennen können. Zumal die Shinto-Literatur, die sich als Urreligion Japans versteht, die vorangegangene Jahrtausende alte Jomon-Kultur völlig außer Acht lässt und auch die Ainu mit keiner Silbe erwähnt. Die Ainu sind den Japanern bis heute fremd geblieben. Im Shinto wird die Bildung eines Staatswesens als mythischer Beginn aufgefasst, die archäologischen Spuren einer mehr als Tausende Jahre alten menschlichen Kultur auf den Inseln Japans finden hier keinerlei Beachtung.

Ich fuhr nach Hokkaido, um mir einen Eindruck von der ursprünglichen Lebenswelt der Ainu zu verschaffen. Diese hatten sich mit Beginn des straff geführten frühen Yamato-Reiches seit etwa 200 n.Chr. vor der Indoktrination durch die Japaner auf die nördlichsten der japanischen Inseln zurückzogen, um dort in annähernd traditioneller Weise weiterhin als Jäger und Fischer leben zu können. Ich wollte vor Ort überprüfen und vertiefen, was ich bislang aus theoretischen Studien über die Ainu und ihr ungewöhnliches Weltbild erfahren hatte. So wusste ich von ihrem ausgesprochen friedlichen und harmonischen Umgang mit den *Kamui*, die sich in allen Pflanzen und Tieren zur Gestalt bringen können und sich auf diese Weise den Lebensraum mit den Menschen teilen.

*Abb. 2 Zeichnung aus meinem Tagebuch mit einen Stempel aus Asuka.*

Wieso aber nahm der Shinto die religiöse Vorstellungswelt der Ainu nicht zur Kenntnis? Und wie eigentümlich, dass die japanischen Wissenschaftler, die sich bislang mit den Ainu beschäftigt haben, nicht die verblüffende Übereinstimmung mit ihren eigenen Vorstellungen über die *Kami*

bemerkt haben. Könnte es sein, dass sich auf den japanischen Inseln schon in prähistorischer Zeit Erklärungen über die Zusammenhänge des Daseins entwickelt hatten, die über die Ainu seit Jahrtausenden tradiert wurden, ohne dass dies die Shinto-Gelehrten wahrnehmen wollten?

Konnten die alten Weltdeutungen vielleicht als Erbe der Ainu verstanden werden, weil diese dem befremdlichen Ritual des *Lyomante* anhingen,1 das als höchst unzivilisiert verabscheut wurde? Denn die frühen Yamato-Fürsten und Shinto-Gelehrten verstanden sich als zivilisierte Diener ihres göttlichen Kaisers. Der hatte mittlerweile ein gewaltiges Machtpotenzial entwickelt, wie es die Megalith-Anlage von Asuka bei Nara belegt (Abb. 2). In der 5 m hohen, offenen Kammer ist der Tenno aber wahrscheinlich eher seinen rituellen Verpflichtungen den *Kami* gegenüber nachgekommen, als dass es sein Grab gewesen wäre, wie es von japanischen Forschern angenommen wird.

Die Japaner verdrängten die Ainu aus den für den Reisanbau bestimmten Ländereien und bezeichneten sie verächtlich als schmutzige Wilde. Sie haben die Ainu allerdings niemals getötet oder auszurotten versucht; die Jäger wurden einfach an den Rand geschoben. Von einer Urbevölkerung entworfen und von den Jomon- oder Ainu-Jägern weitergereicht, hat sich meiner Ansicht nach die Grundstruktur ihres Weltbildes bis heute nicht wesentlich geändert2. Im Verlauf der Jahrtausende mögen es viele Stämme gewesen sein, aber die Grundidee dieser Weltanschauung hat sich abgesehen von kleineren Glaubensvarianten erhalten: Ihre Geistwesen, "die *Kamui*, die sich in Tiere „kleiden", haben Geschäfte mit den Ainu. Ihr Geschäft ist der Handel mit den Menschen, und die Art und Weise, wie dieser Austausch zwischen *Kamui* und Menschen vollzogen wird, ist das zentrale Mysterium der Ainu-Religion." (Philippi 1991, 12) Dieser Handel aber zwischen Menschen und *Kami* setzt ein bestimmtes Verhaltensmuster voraus, damit die dafür notwendige Harmonie, Achtung und Rücksicht garantiert ist. "Es war ein System gesellschaftlicher Solidarität zwischen Mensch und Natur", zitiert Philippi den großen Japanologen Hitoshi Watanabe. (Philippi 1991, 10)

---

1    Harada liefert die archäologischen Belege für die rituelle Praxis des *Lyomante*. (Vgl. Harada 2004, 39)
2    Vergleiche Spirit of a Northern People 1999, 39-46

Bei meinem Eintreffen in Japan fiel mir als Außenstehende diese Allgegenwart der *Kamui* sofort auf; überall entdeckte ich Hinweise auf sie. Könnten nun auch die auffallenden Eigenarten der Japaner, darunter ihre rücksichtsvolle und achtsame Lebensart, auf die Ähnlichkeit von *Kamui* und *Kami* und die darin verborgene, originelle Sichtweise auf das Dasein zurückgehen? Könnte das weltanschauliche Konzept der frühen Jäger den Wesenskern der Japaner so geformt haben, dass sich daraus ihre bescheidene Selbstzurücknahme herleiten ließe? Eine Bestätigung dieser These würde die ungeheure Prägekraft der einmal gefundenen Weltdeutung belegen und würde zeigen, dass bereits die frühesten mythischen Erklärungsmodelle einer Menschengruppe die Weichen für die Grundlagen einer bis heute geltenden Wirklichkeit stellten.

Heute wissen wir unter anderem durch die Ergebnisse der Hirn- und Kognitionsforschung, dass wir selber die Schöpfer unserer Welt, die Urheber unserer eigenen Wahrheiten sind. Im kommunikativen Miteinander tradieren wir unsere Vorstellungen vom Dasein über Generationen zu verlässlicher Realität, die so stabil und stark ist, dass wir nur schwer in der Lage sind, andere Wahrheiten als ebenso wirklich und in sich stimmig anzuerkennen. Genetisch nicht festgelegt, ohne angeborene Verhaltensmuster ausgestattet, waren die Menschen immer darauf angewiesen, sich Orientierung in ihrer Lebenswelt zu verschaffen. Sie mussten Erklärungen finden, um die Phänomene der Natur zu begreifen und sich in ihrer Umwelt zurechtzufinden. Welche geheimnisvollen Kräfte waren das, die Leben hervorbringen konnten? Die Menschen mussten Gründe für die zyklische Dynamik des Lebens finden und kleideten sie in mythische Bilder. Schon die ersten Menschen entwarfen auf der Grundlage ihrer Beobachtungen und entsprechend ihrer Kreativität Strategien, um sich in ihrer Lebenswelt zu behaupten.

Es ist dabei eigentlich nicht verwunderlich, dass einige Völker hilfsbereite und freundliche Wesen entwarfen, während andere macht- und rachsüchtige Geistwesen favorisierten. Die Erklärungsmodelle für das rätselhaft Schöpferische manifestieren sich bei allen Jäger- und Sammlerkulturen in Geistwesen, die ihre Lebenswelt bevölkerten aber eben auch beseelten. So entstanden Mythen, also oral gefasste Seins-Vorstellungen, die das (weltanschauliche) Fundament ihrer Ordnung bildeten und als unumstößliche Wahrheit weitergereicht wurden. Diese Erzählungen vermittelten zugleich ein Gefühl von Geborgenheit,

weil die Realität schließlich so war, wie die von Generation zu Generation tradierten Mythen es von Anbeginn der Zeiten an berichteten.

Mit Beginn des Mensch-Seins – lassen wir dahin gestellt sein, wie, wo und wann das geschah – standen den Menschen dazu ihre Sprache, ihre Emotionen und vor allem ihre großen kreativen Fähigkeiten zur Verfügung. So entwickelten sich in den einzelnen Teilen der Welt unterschiedliche (mythische) Vorstellungen, die die Phänomene der jeweiligen Lebenswelten mit unterschiedlichen Vorstellungen erklärten und sich dabei den Besonderheiten und zyklischen Kreisläufen ihres Lebensraumes anpassten. Die recht konkreten und bildhaft auf den Erfahrungshorizont der Menschen ausgerichteten Mythen waren flexibel und konnten sich in ihren äußeren Bildern den sich ändernden Lebensbedingungen angleichen. Dennoch blieben ihre Grundannahmen über die einmal gefundenen Schöpfungszusammenhänge als Basis des Denkens erhalten. Denn mit diesen Erklärungsmodellen erschafft sich der Mensch seine Welt.

Je isolierter ein Volk lebte, um so authentischer konnte sich sein überliefertes Weltbild erhalten. Die Bewohner der Inseln des japanischen Archipels bis in die Regionen des Amur-Mündungsgebietes hinein konnten ihr archaisches Weltbild, ihre harmonische Koexistenz mit den Geistwesen bis zur Kolonialisierung durch die Russen oder Japaner, sogar bis fast in unsere Zeiten überall dort erhalten, wo sie noch als Jäger und Sammler leben konnten. Denn ihr altes Weltbild fußte auf den Lebenserfahrungen dieser Seinsform. Es beruhte auf der Tatsache, dass die Menschen mit unsichtbaren, freundlichen *Kamui* dort in harmonischer Kooperation lebten.

Die Umbildung Japans zu einem Shinto-Staat mit der Einführung des Reisanbaus um etwa 200 n.Chr. geschah völlig gewaltlos. Keine fremde Macht stülpte den Japanern rücksichtslos ein anderes Weltmodell oder eine andere Religion über, keine imperiale Gewalt indoktrinierte oder zerstörte alte Traditionen. Die *Kami*, die sich in der Natur zur Gestalt bringen, sind für die Japaner so selbstverständlich wie Sonne und Mond.

Obwohl ich nur drei Wochen – ohne ein Wort japanisch zu sprechen – durch Japan gereist bin, fiel mir auch in den Städten an vielen Stellen die Präsens der *Kami* auf: in Toriis oder kleinen Schreinen an einer Straßenecke (Abb.42), in umzäunten Steinen oder Strohbündeln

vor den Haustüren, in den Bonsai auf den Balkonen der Hochhäuser; und natürlich in den Shinto-Schreinen, wo sich die Japaner still und ehrerbietig vor der Leere eines Raumes verneigen. Diese Präsens der *Kami* erinnerte mich an die Allgegenwart der *Kamui* bei den Ainu.

*Abb. 3 Ein kleiner, edler Park mit einem Fischteich voller Koys zu Füßen der gläsernen Hochhäuser gilt als Wohnstätte der Kami*

Das fand ich so erstaunlich, dass ich diesen Aspekt zum Thema der vorliegenden Arbeit gemacht habe. Ich bin der Frage nachgegangen, ob sich auf dem Hintergrund des notwendigen, harmonischen Umgangs mit den *Kamui* ein solches soziales Verhalten über so lange Zeit erhalten haben könnte. Ich möchte herausfinden, ob der zu selbstverständlicher Realität gewordene Umgang mit den *Kami*, selbst in einer konsumorientierten Lebenswelt noch wirksam sein könnte; ob er das Wesen der Japaner in der Weise geprägt hat, dass auch die

modernen Japaner noch als eines ihrer auffallendsten Merkmale einen sehr formellen aber respektvollen und achtsamen Umgang miteinander pflegen.

Diesen Zusammenhang kann ich nicht durch analytische Forschungsgenauigkeit oder Studien belegen, sondern im Gegenteil nur durch einen allusiven Gesamteindruck, indem ich unabhängig voneinander die Welt der Ainu und die Wesenselemente des Shinto darlege. Ich will mit dieser Arbeit versuchen, die Andersartigkeit Japans aus seiner mythisch-religiösen Weltanschauung abzuleiten. Sie beruht auf völlig anderen Prämissen als unsere monotheistische, abendländische Wirklichkeit und liefert doch ein in sich stimmiges Erklärungsmodell von ihrer Welt, das so originell ist, wie jedes andere religiöse Modell auch.

Es geht mir also nicht um eine allgemeine Sichtung japanischer Verhältnisse und die Spiritualität des Shinto oder verschiedener zenbuddhistischer Lehren; es geht mit auch nicht um ein Verständnis für die Samurai-Traditionen oder die Kampftechniken, die Japan hervorgebracht hat. Der Fokus dieser Arbeit liegt auf den *Kami*, den noch in der alten Naturreligion des Shinto verehrten Geistwesen, die unsichtbar mit den Menschen zusammen in diesem Land existieren. Mich interessieren die alten Shinto-Schreine, die *Iwakura*-Steine, die heiligen Berge und Felsen, die mir auf dem Hintergrund meiner Kenntnisse über die Ainu und ihre *Kamui* die Kontinuität einer uralten Weltanschauung vor Augen führten.

Ich möchte die Faszination, die Japan in seiner Fremdheit auf viele europäische Menschen ausübt, ergründen und dabei das eigenwillige Weltbild der Ainu-Jäger, das sie als Erbe dem Shinto hinterlassen haben, herausarbeiten, um eine Ahnung von der religiösen Tiefe, aber auch von der Kreativität dieses archaischen Jäger-Universums zu geben. Denn es ist erstaunlich, mit welcher Sensibilität und inneren Logik sich bereits die ältesten Jäger ihr Dasein und die Phänomene von Tod und Wiederkehr erklärten, um sich in ihrer Lebenswelt zu orientieren und sich kommunikativ in ihr zu verorten.

# 2 Teil: Die Ainu – Die Welt der frühen Jäger

Ob nun die Ainu-Jäger die Jahrtausende alte Urbevölkerung Japans waren, "deren ungewöhnliche Religion und Kultur eine eigene Forschung erfordert" (Kitagawa 1987, 17), oder ob es die Menschen der Jomon-Kultur waren, was von den japanischen Forschern kontrovers diskutiert wird, sei dahin gestellt, weil es für meine Beobachtungen nicht wichtig ist. Interessant ist die Tatsache, dass die Jomon-Jäger ebenso wie die Ainu als letztes lebendes Verbindungsglied zu den vorgeschichtlichen Jägerkulturen einer Weltanschauung anhingen, bei der die unsichtbaren *Kamui* ihren Lebensraum mit den Menschen teilten. Für diese *Kamui* praktizierten die Jäger eine Vielzahl von Ritualen, in deren Mittelpunkt das so genannte *Lyomante* stand, also die rituelle Aufbahrung von Tieren anlässlich der Heimsendung ihrer Seelen. Aus religionswissenschaftlicher Sicht möchte ich im Folgenden versuchen, die religiöse Welt dieser frühen Jägerkultur zu rekonstruieren.

*Abb.4 Eine Gruppe von Ainu auf Sachalin etwa 1888*

# Quellenlage und Forschungsstand

Als nördlichste der japanischen Inseln erlebt Hokkaido schneereiche, lange Winter mit arktischen Temperaturen, die einen idealen Lebensraum für sibirische Tierarten, vor allem für den Bären, abgeben. Hokkaido ist eine landschaftlich reizvolle Insel mit vielen Vulkanen und wasserreichen Flüssen, die vor der Kultivierung durch die Japaner reich bewaldet war und damit Jägern und Sammlern ein vergleichsweise bequemes Leben bieten konnte. Die Wahrnehmung der Lebensbedingungen ist für die religionswissenschaftliche Arbeit von großer Wichtigkeit, denn sie vermittelt einen Eindruck von den geographischen und klimatischen Bedingungen, die eine bestimmte Weltanschauung erst hervorbringen.

Bei den zur Verfügung stehenden Quellen handelt sich vorwiegend um ethnologische Berichte von Forschern, Missionaren oder Reisenden, die die Ainu im 19. und frühen 20. Jahrhundert noch in ihrer traditionellen Lebensweise antrafen. Sie besuchten die Inseln Hokkaido oder Sachalin, wie beispielsweise der russische Schriftsteller Anton Tschechow, oder lebten sogar längere Zeit bei den Ainu. Selbstverständlich können wir viele dieser Berichte nicht unkritisch lesen, denn sie transportieren immer wieder auch ein zivilisatorisches Überlegenheitsgefühl der vermeintlich objektiven Beobachter und christlichen Missionare gegenüber einer indigenen Gesellschaft. So ließ sich noch 1909 der polnisch-russische Ethnologe Borislav Pilsudski zu der Aussage hinreißen, dass die Ainu in Sachalin „auf der niedrigsten Stufe der geistigen Entwicklung" stünden. (Pilsudski 1909, 6) Ihre Friedfertigkeit, ihre einfachen Holzhütten und das seltsam wilde *Lyomante* erschienen ihm „primitiv" und als Belege für die "Rückständigkeit" dieser alten Jägerkultur.

Den Aufbruch zu einem neuen Verständnis der Ainu markieren erst die Aufzeichnungen von John Bathelor (1901), der als christlicher Missionar lange Zeit bei den Ainu gelebt hat. In seinem Bemühen die Ainu wertzuschätzen, deutete er ihre religiösen Vorstellungen allerdings in Richtung eines Hochgottes und christlicher Werte, wodurch Bathelor das Weltbild der Ainu gleichfalls verfälscht hat. Trotzdem lieferte er eine ganze Reihe sehr aufschlussreicher Details über die Lebensweise der Ainu und ihren Umgang mit den *Kamui*, die die Gestalt konkreter Objekte annehmen und sich in der Natur materialisieren konnten. "Die Ainu-Welt war dadurch voll von „göttlichen Besuchern", erklärt Hitoshi Watanabe diesen Umstand.3 (Watanabe 1973, 78)

Als einer der intimsten Ainu-Kenner gilt der englische Arzt John Neil Munro, der mit einer Ainu-Frau verheiratet war und viele Jahre bei den Ainu in Nibutami praktiziert hat. Schon 1906 veröffentlichte er „Primitive Culture in Japan" und veranschaulichte den religiösen Hintergrund der *Inau*-Stäbe und des *Ramat* ebenso wie die Bedeutung des *Lyomante*. Unglücklicherweise verbrannten seine über Jahre zusammen getragenen Aufzeichnungen, Fotos und Sammlungen, so dass er in seinem Haus, das heute in Nibutami zu besichtigen ist, erneut zusammentragen musste, was er von seinen Ainu-Patienten erfahren hatte. Sein Hauptwerk "Ainu Creed und Cult" (1962), das eine meiner wichtigsten Quellen war, konnte daher erst posthum erscheinen.

In den dreißiger Jahren unternahmen dann vermehrt auch japanische Wissenschaftler Feldforschungen bei den Ainu, auf deren Grundlage in den sechziger und siebziger Jahren wichtige Veröffentlichungen von Watanabe, Hattori, Kubodera und vor allem von Kyosuke Kindaichi entstanden sind. Kindaichi war Professor in Tokio, sprach die Sprache der Ainu und beteiligte sich zusammen mit Kubodera wesentlich an der Aufzeichnung der *Yukar*, der heiligen Ainu-Gesänge, die als Schamanengesänge meist von Frauen vorgetragen wurden. Auch die Arbeiten von Joseph Kitawaga (1961) und Emiko Ohnuki-Tierney (1974) haben unser Wissen über die Ainu entscheidend bereichert.

In den achtziger und neunziger Jahren weckten diese Forschungen auch in der westlichen Fachwelt großes Interesse, so dass seither in europäischen Fachzeitschriften etliche Aufsätze über die Ainu erschienen sind. Das Völkerkundemuseum in Zürich veranstaltete 1991 erstmals eine Art Überblicks-Ausstellung unter dem Titel "Bärenfest, vom Dialog mit der Wildnis". In amerikanisch-japanischer Zusammenarbeit konnte 1999 der umfangreiche Sammelband "Ainu – Spirit of a Northern People" erscheinen, in dem mehr als 50 Wissenschaftler einen detaillierten Überblick über die geistige Welt der Ainu geben und gleichzeitig den neusten Stand der Forschung umreißen. Als einzige primäre Quelle dieser schriftlosen Kultur stehen uns übrigens die

---

3 Dass auch Watanabe von 'göttlichen' Besuchern spricht, ist einzig der Tatsache geschuldet, dass es im Deutschen keine adäquate Übersetzung für das Wort *Kamui* gibt. Sie dürfen jedoch keinesfalls als Götter im monotheistischen Sinne verstanden werden.

schon erwähnten *Yukar* zur Verfügung, die der amerikanische Anthropologe Donald L. Philippi unter dem Titel "Songs of Gods, Songs of Humans" erstmals ins Englische übersetzte und 1979 in Tokio veröffentlichte.

Bei meinen Recherchen in Japan besuchte ich außerdem die beiden Ainu-Museen in Nibutami und das Ainu-Freilichtmuseum in Shiraoi, das mit einer hervorragenden Dokumentation aufwarten kann. Die hier ausgestellten Kultgegenstände wie Zeremonialmäntel, Holzstäbe oder Schalen sind wichtige materielle Zeugnisse der Ainu-Kultur. Einblicke in die traditionelle Lebensweise der Ainu vermittelten auch museale Rekonstruktionen, darunter nachgebaute Hütten, Bärenkäfige und Nusa-Zäune. Weil das Freilichtmuseum in Shiraoi das Konzept eines „Living Museum" aufgegriffen hat, konnte ich außerdem eine eindrucksvolle Performance alter Tänze und Gesänge miterleben, die hier mit traditionellen Trommeln und Musikinstrumenten begleitet wurden.

Über die Situation und das heutige Selbstverständnis der Ainu informierte ich mich außerdem umfassend im Ainu-Center in Sapporo.4 Erst durch diese persönliche, direkte Begegnung mit dem Land und der einstmaligen Lebenswelt der Ainu konnte alles theoretische Wissen plastisch und verständlich werden. Und wie schon so oft geschehen, habe ich dann auf dem Hintergrund meiner eigenen Recherchen vor Ort auch vollkommen neue und anderslautende Thesen über meinen Forschungsgegenstand entwickeln können.

## Die Lebenswelt der Ainu

Der Arzt und gefeierte Schriftsteller Anton Tschechow bereiste 1890 im Alter von 30 Jahren die Insel Sachalin, die den russischen Zaren damals als Strafgefangenen-Insel diente. In seinem wohl ungewöhnlichsten Buch "Die Insel Sachalin" berichtete er auch von den Ainu, die unter der brutalen Behandlung der Russen schwer zu leiden hatten: "Die Urbevölkerung Sachalins", so schreibt er, "gab auf die Frage, wer sie seien, weder Stamm noch Nation an, sondern antwortete einfach: Ainu. Das heißt Mensch. (...) Ainu sind dunkelhäutig wie Zigeuner; sie haben einen starken Bartwuchs und dichtes, struppiges, schwarzes

---

4   Sato Yukio, Leiter des Ainu-Zentrums in Sapporo, machte mich bei meinen Recherchen auf die Arbeiten der amerikanischen Physikerin Lisa Randall aufmerksam. Sie geht davon, dass unsere sichtbare Welt nur eine von vielen Inseln in einem höher dimensionierten Universum ist. Yukio wertet Randalls These als Beleg für die Richtigkeit des überlieferten alten Ainu-Modells.

Haar (...), ihre Augen sind dunkel, ausdrucksvoll und sanft. (...) Man zählt sie bald zur mongolischen, bald zur kaukasischen Völkerschaft. (...) Schrenck vertritt die Auffassung, dass sie ein paläolithisches Volk seien, welches von altersher durch mongolische Stämme vom Festland auf die Inselgebiete verdrängt wurde. (...) Ihre Jurten sind verraucht und übelriechend, aber trotzdem hell und sauber. (...) So solide und wohlgestaltet Ainumänner sind, so wenig anziehend sehen ihre Frauen und Mütter aus, verschiedene Autoren nennen sie abstoßend und sogar widerlich. (...) Die Ainu waschen sich, wie es heißt, niemals und legen sich in Kleidern schlafen." 5

*Abb. 5 Ansicht eines Ainu-Dorfes auf Hokkaido*

Doch "fast alle, die über die Ainu geschrieben haben", so fährt Tschechow fort, "äußern sich sehr wohlwollend über ihre Sitten. Allgemein ist man der Ansicht, dass dieses Volk sanft, bescheiden und gutmütig, zutraulich, mitteilsam und höflich ist, dass es Eigentum achtet, auf der Jagd tapfer ist; Uneigennützigkeit, Aufrichtigkeit, Glaube an die Freundschaft und Freigiebigkeit gehören zu ihren gewöhnlichen Eigenschaften. Sie sind gerecht und vertragen keinen Betrug." Als Fußnote fügt er hinzu, Krusenstern hätte beim Besuch einer Ainu-Wohnung am Ufer der Rumjanzebucht eine Familie aus zehn Personen in glücklicher Harmonie, oder fast könnte man sagen völliger Gleichheit zwischen den Mitgliedern, bemerkt. Obwohl er sich mehrere Stunden im Kreise der Familie aufgehalten hätte, konnte er nicht erkennen, wer

---

5   Die Zusammenstellung von Zitaten entstammt der Tschechow-Ausgabe von 1982 und folgt den Seiten 281-289.

ihr Oberhaupt war. Die Ältesten hätten den Jungen gegenüber keinerlei Anzeichen von Herrschaft geäußert.

Abb. 6 a) *Ainu Ekashi mit Inau-Ritualkrone; b)Bärtiger Ainu; c) Ainu-Frau mit Zeremonialhaube*

Diese kooperative, harmonische Gleichheit unter den Ainu wird auch von anderen Autoren bestätigt, die sich darüber wunderten, dass die Ainu kein hierarchisches Sozialgefüge kannten, sondern trotz ihrer komplizierten Verwandtschaftsverhältnisse völlig autark in Kleinfamilien und lockeren Dorfgemeinschaften mit ihren *Kamui* zusammenlebten.

Der Ursprung der Ainu ist nicht gesichert und wird auch heute noch kontrovers von der Wissenschaft diskutiert. Vielleicht haben sie sich schon in frühester Zeit auf die Inseln um das Okotschke Meer zurückgezogen, um dort ungestört ihrer eigenwilligen, autarken Lebensweise nachzugehen?

Ihr ethnisches Bild sei von einem unabhängigen, jagenden und sammelnden Volk bestimmt, das einen ausgeprägten eigenen Stil in Kleidung und Ornamentik hervorgebracht und "animal spirit-sending rituals" praktiziert hat, urteilt Kikuchi. (Kikuchi 1999, 47) Das ist für arktische Kulturen an sich nichts Ungewöhnliches – auch von den sibirischen Jägern ist bekannt, dass sie den Geist ihrer getöteten Tiere wieder zurück in deren Welt schickten. (Vgl. Yamaura und Ushiro 1999, 44-46) Trotzdem sind die Ainu vielleicht wirklich nur durch das

*Lyomante* und das darin zum Ausdruck kommende besondere Weltbild als autarkes, eigenständiges Volk auszumachen.

## Die *Kamui* der Ainu

Die *Kamui*, die unsichtbaren Geistwesen, die den Lebensraum mit den Ainu teilen, bringen sich in allen Formen der Natur zur Gestalt: "Nach der Vorstellung der Ainu hat alles einen Geist oder *Kamui*. Die Geister leben in der *Kamui*-Welt und wenn sie in der Menschenwelt erscheinen, sind sie als verschiedene Dinge oder Tiere gekleidet."[6] (Utagawa 1999, 257) *Kamui* ist in der Sprache der Ainu ein allgemeiner Ausdruck für Tiere, Pflanzen, Mineralien, Landschafts- oder Naturphänomene ebenso wie für die schöpferische Kraft, die dies aus sich heraus hervorbringt. Obwohl *Kamui* bedauerlicherweise in englischen Arbeiten fast ausschließlich mit „god" übersetzt werden und damit in einem monotheistischen Sinn an Allmacht denken lassen, sind *Kamui* für die Ainu niemals metaphysische, über ihnen thronende "Götter". Sie sind gleichrangig mit den Menschen, teilen ebenbürtig den Lebensraum mit ihnen; sie sind unsichtbar und doch in allen Lebensformen anwesend.

"Im traditionellen Weltbild der Ainu sind alle Spezies nichtmenschlichen Seins mit übernatürlichen Eigenschaften begabt und werden *Kamui* genannt, als Wesen, die in menschenähnlicher Gestalt, aber für das menschliche Auge unsichtbar, doch in der gleichen Weise wie die Menschen leben, jagen, Familien haben und in Häusern wohnen", so schreibt der amerikanische Anthropologe Donald L. Philippi, der als Herausgeber der *Yukar* einen tiefen Einblick in die Ainu-Welt hatte. (Philippi 1979, 59) Er fährt fort: "Besuchen die *Kamui* das Land der Menschen, so nehmen sie die Gestalt konkreter Objekte an und materialisieren sich in den Wesen der Natur." "Die Ainu-Welt war dadurch voll von `göttlichen` (*kamui*haften) Besuchern: Alle Nahrungsquellen, die die Ainu verwerteten, waren *Kamui* in zeitweisem Gewand." (Watanabe 1973, 78)

Die Ainu gingen davon aus, dass die unsichtbaren *Kamui* sich in ein Gewand hüllten, d.h. sich materialisierten, wenn sie in die Menschenwelt kommen wollten, und ihr Fleisch und Fell als Geschenk mitbrachten, um die Menschen zu ernähren und zu erfreuen. Ich möchte das wiederholen, weil es der Kern ihres Weltbildes ist: Die

---

6   Im englischen Original heißt es: "According to the Ainu belief, everything has a spirit, or kamuy. The spirits live in the heavens (the kamuy-world) and when they appear in the human world they are disguised as various things or animals."

nicht-materiellen *Kamui* kleiden sich in Fleisch und Fell, wenn sie aus eigenem Antrieb in die Menschenwelt kamen. Sie brachten sich den Jägern als Geschenk dar. Das geschah nicht etwa aus irgendeinem inneren Zwang, sondern freiwillig in einer Ordnung der Welt, die auf Gegenseitigkeit beruhte: Die *Kamui* brachten den Ainu Fleisch, und die Ainu gaben ihnen dafür *Inau* und Sake oder ein *Lyomante*. Das war ein gegebener Sachverhalt. Die Ainu behandeln die *Kamui* zu jeder Gelegenheit respektvoll und achtsam, weil Menschen und Geister gemeinsam und gleichwertig das Land bewohnten und miteinander teilten. Die Menschen waren sichtbar, die *Kamui* hingegen unsichtbar; aber beide waren mit einem hohen Maß an Kreativität ausgestattet.

Dieser Zusammenhang repräsentiert das einfache Erklärungsmodell der Jäger, deren Dasein auf dem Töten von Tieren beruhte. Die Jäger meinten, dass die *Kamui* aus eigenem Wunsch, nach eigenem Willen in die Menschenwelt kamen: Sie brachten sich in Bäumen, Pflanzen, Fischen und Jagdtieren zur Gestalt, weil sie die Menschenwelt liebten. Sie seien gerne in der schönen Welt der Menschen, glaubten die Ainu, indem sie ihre eigene Freude am Leben und der Schönheit des Daseins auf die *Kamui* übertrugen. Diese existierten in einer parallelen Welt, kamen gerne in die Welt der Menschen und kleideten sich dazu in das sichtbare Gewand der Natur.

Die *Kamui* existierten nicht außerhalb der Lebenswelt, nicht wie in monotheistischen Religionen in einer metaphysischen Sphäre, sondern unmittelbar hier und jetzt in der die Ainu umgebenden Natur. Dabei lebten sie in ihrer Parallelwelt wie die Menschen; sie jagten, tranken und feierten wie die Ainu und waren, wenn sie in die Welt der Menschen kamen, das Jagdwild, das die Ainu nährte, waren Bäume, Holz, Flüsse oder die Tiere des Meeres, die sich in Haut und Fleisch kleideten, wenn sie die Menschenwelt besuchten, obwohl sie unsichtbar waren, bekamen sie doch alles mit: jede Unachtsamkeit, Hässlichkeit und Missachtung, aber natürlich auch die Freundlichkeit, den Respekt und die Geschenke, die die Ainu ihnen entgegen brachten.

Dieses Konzept hatte die Kraft, die Welt der Ainu über Jahrtausende hinweg zu gestalten. Es bewirkte den schöpferischen Zusammenhang von achtsamer Freundlichkeit und Existenz erhaltender Nahrung, die ihnen die *Kamui* im Gegenzug gaben. Harmonie, Achtung und Respekt waren die Basis des Daseins. Denn den Ainu war klar, dass die *Kamui* sich nur dann im Jagdwild zur Erscheinung bringen würden, wenn es ihnen in der Menschenwelt gefiel. Das ist eine einfache und klare Botschaft, mit der man die Welt gut verstehen konnte: Die Jagdtiere kamen zu den Menschen und brachten Fleisch und Fell mit, sie kamen aus freien Stücken, weil sie es gut hatten bei den Ainu, weil diese freundlich mit ihnen umgingen und sie mit *Inau* und Sake wieder in ihre *Kamui*-Welt zurücksandten! Sobald es ihnen nicht mehr gefiel in der Menschenwelt, weil die Ainu nicht respektvoll mit ihnen umgingen, hatten die *Kamui* keine Veranlassung mehr, in die Menschenwelt zu gehen.

Die Jäger mussten sich deshalb in einen Verhaltenskodex fügen, der in den *Kamui* immer wieder die Lust und den Wunsch entzündete, die Menschenwelt zu besuchen. Sollten die *Kamui* es in der Menschenwelt nicht so vorfinden, wie sie es sich wünschten, sollten sie sich über einzelne Jäger ärgern, dann kamen sie einfach nicht mehr, dann gab es kein Jagdwild, blieben die Fische aus, herrschte Hunger, kam es zu Naturkatastrophen. Denn in diesem Weltbild hing die Existenz der Jäger von der Bereitschaft der *Kamui* ab, sich mit ihrem Fleisch den Jägern zur Verfügung zu stellen.

Hungersnot, Dürren, Überschwemmungen oder Vulkanausbrüche waren schon sehr früh ursächlich an ein Fehlverhalten der Jäger geknüpft. Das "richtige" Verhalten den *Kamui* gegenüber war so unumstößlich festgelegt, dass keiner etwa aus Versehen die *Kamui* verärgern, kränken oder beleidigen konnte. Zu schmal war der Grat zwischen Nahrungsfülle und Hungersnot für die Jäger, deren Fokus immer auf das reine Überleben, auf die Sicherung der Existenz gerichtet war: Nur bei einem "richtigen" Umgang mit den *Kamui* gab es genügend Nahrung, war das Wohlergehen aller gesichert.

Die Beziehung der Ainu zu ihren *Kamui* war sachlich, nicht mystisch oder spirituell und sie war nicht auf den Einzelnen bezogen. Kein Ainu bat die *Kamui* um individuelle Hilfe, Rat oder eine Wohltat. Niemals entstand eine persönliche Beziehung zu den *Kamui*, so wie das beispielsweise in den vorderorientalischen Religionen üblich war, wo jeder Menschen seine eigene Beziehung zur Gottheit pflegte, mit ihr sprach, ihr diente und Hilfe von ihr bekam. Die Beziehung der Ainu zu ihren *Kamui* war unpersönlich, unemotional und selbstverständlich als Wahrheit des Daseins. Das *Kamui*-Konzept war ein Erklärungsmodell für die allgemeinen Zusammenhänge von Leben und Tod. Es war ein Ordnungssystem der Ainu-Gesellschaft: Der "richtige" Umgang mit den *Kamui* führte zu einem kommunikativ verbindlichen Verhaltenskodex, bei dem der Einzelne mitverantwortlich war für das Wohl des ganzen Stammes, ohne selber hervorzutreten.

Auch das ist kein wirklich ungewöhnlicher Zusammenhang. Alle archaischen Jägergesellschaften führten ausbleibendes Jagdwild, Krankheiten, Naturkatastrophen oder Hungersnöte auf ein Fehlverhalten zurück, häufig begangen nur von einzelnen Jägern. Jede Nichteinhaltung von "kommunikativen Absprachen" konnte Not und Unbill, Tod oder Krankheit zur Folge haben und die ganze Gemeinschaft bedrängen. Das führte zu strengen Verhaltensmustern, die a priori, von Anfang an, oder von den Ahnen herabgereicht, schon immer im Vorstellungsgebäude der Ainu galten. In einer Gesellschaft, deren Existenz von den Geistern abhing, die auf Nachlässigkeit oder Unachtsamkeit mit Ärger, Zorn oder Strafe reagierten, gab es nur wenig Spielraum für individuelles Handeln. Die *Kamui* der Ainu zogen sich einfach zurück und blieben aus, so dass Hungersnot eher als Konsequenz denn als Strafe verstanden wurde. Freundlichkeit, Achtung und Respekt aber hielten sie bei Laune.

Die *Kamui* manifestierten sich im Wald und den Nahrungspflanzen, in allem Jagdwild, von den Lachsen, Forellen, Orcas, Robben bis zu den Hirschen, Rehen, dem Kleinwild und den majestätischen Bären. "Es ist völlig in der Hand der *Kamui*, ob die Ainu Nahrung finden; wenn sich die Ainu respektvoll den *Kamui* gegenüber verhalten, werden sie die Ainu mit ausreichend Nahrung versorgen, wenn sich Ainu aber in den Augen der *Kamui* schlecht verhalten, folgt Hungersnot. Deshalb bedeutet Jagen, Fleisch von den Gottheiten (den *Kamui*) zu bekommen." (Ohnuki-Tierney 1974, 20) Die Jagd wird zu "einem religiösen Akt, bei dem keine Trennungslinie zwischen den Aktivitäten zur Erlangung von Fleisch und den mit den *Kamui* rituell zu verkehren, entsteht. Deshalb bedeutet auch Jagen für die Ainu entweder Fleisch von den Kamui selber zu erhalten oder Fleisch als Ergebnis der Gunst bzw. als Vergünstigung von den Kamui zu bekommen." (Ebd.) "Die Kraft der *Kamui* ist allgemein: nämlich Nahrung zur Verfügung zu stellen und für das allgemeine Wohl der Ainu zu sorgen." (Ohnuki-Tierney 1974, 90)

Im Sinne dieses "sakralen Aktes" der Jagd galten sogar die Jagdutensilien, wie Pfeil und Bogen, Speere, Messer und Fallen, bei den Ainu als mit Ehrfurcht zu behandelnde Gegenstände. Wegen ihrer immensen Wirkungskraft wurden "sogar die Tod bringenden Kamui der Pest oder Pocken als ein Naturphänomen mit Respekt behandelt." Die Ainu meinten, "schlecht und böse von diesen Kamui zu sprechen, konnte ihren Zorn noch mehr entfachen und weitere Schrecken hervorrufen", so berichtet der Arzt John Munro. (Munro 1962, 9)

So wie die *Kamui* die Menschenwelt nicht mehr besuchten, wenn sie sich gekränkt oder schlecht behandelt fühlten, so war es doch andererseits selbstverständlich, dass sie die Ainu ernährten und für sie sorgten. Daher nahmen sich die Ainu selbstbewusst das Recht heraus, ihrerseits auf die *Kamui* zu schimpfen, sie mit speziellen kleinen Peitschen zu schlagen, wenn diese Krankheit oder Hunger verursachten, obwohl die Ainu keine Fehler gemacht hatten. Auch heute noch kennt man in Japan diese kleinen Peitschen. Aber gerade dieses Beispiel lässt das Prinzip der Ebenbürtigkeit von Mensch und *Kamui* besonders deutlich werden, das aus Sicht des Monotheismus, der Gott hoch über den Menschen stellt, völlig undenkbar wäre.

Die *Kamui* gaben den Menschen keine Gesetze, keine moralischen Richtlinien an die Hand, wie das beispielsweise von den vorderorientalischen Gottheiten bekannt ist. Die Ainu teilten ihren Lebensraum mit ihnen als andere, aber gleichberechtigte Wesen der Natur; sie beteten sie nicht an, verehrten sie nicht etwa als Schöpfergötter, obwohl sie ihnen doch Nahrung und Existenz verdankten. Aber nicht Zwang, Macht oder Magie, sondern Generosität, Freigiebigkeit und Wohlwollen waren die schöpferischen Elemente in den *Kamui*, die die Welt der Ainu-Jäger belebten. "Das Antlitz der Erde, das unseren Augen wie ein Teppich aus Pflanzen und Tieren erscheint, war für die Ainu ein Teppich aus *Kamui*-Gruppen in ihrem zeitweisen Gewand." (Watanabe 1973, 69)

Der japanische Ethnologe Watanabe deutet das weltanschauliche Erklärungsmodell der Ainu als ein „System der sozialen Solidarität zwischen Menschen und Natur." (Ebd.) Er spricht von einem partnerschaftlichen Nebeneinander, das in einem feinen Gleichgewicht gehalten wird. Indem alle Teile ihrer Umwelt, alle Jagdtiere, das Gebirge wie das Meer *Kamui* sind, heiligt sich ihre Welt. Laut Philippi sind *Kamui* "göttlich" in einem paläolithischen Sinne, denn sie verkörpern die Natur als "heiligen" Lebensraum der Menschen. "*Kamui* sind nichtmenschliche Wesen, die in menschenähnlicher Gestalt ihre eigene Kamuiwelt bewohnen, unsichtbar für das menschliche Auge, doch statten sie verkleidet den Ainu häufig Besuch ab. Die tierische Form ist lediglich die Hülle, in welcher sich die Tiere zeigen, während sie eigentlich von derselben Wesensart sind wie die Menschen." (Philippi 1991, 10)

Das *Kamui*-Konzept offenbart sich ganz pragmatisch als sachliche Existenzgrundlage und fordert den Menschen Rücksicht und Achtung vor allen Naturerscheinungen ab. Kayano Shigeru, als einer der letzten traditionell aufgewachsenen Ainu, spricht in seiner bewegenden Biographie (1980) von der Freude am Dasein in den herrlichen Wäldern Hokkaidos. Sein ganzes Leben war getragen von der selbstverständlichen Gegenwart der *Kamui*, die sich im Feuer, dem Wind oder den Wäldern offenbarten, ohne als Ansprechpartner für die Nöte oder Sorgen der Menschen verantwortlich zu sein. In diesem weltanschaulichen Konzept von gegenseitigem Respekt zwischen den verschiedenen Welten durfte sich keine Emotionalität aufbauen, denn sie hätte die Harmonie gestört. Wut, Gewalt oder Aggressivität waren deshalb selten unter den Ainu. Der Missionar Bachelor bemerkte ebenso wie auch Tschechow wenig Unfrieden oder Feindschaft unter den Ainu und wunderte sich, dass er keine Führer-Persönlichkeit als Gesprächspartner in den Verhandlungen mit den Ainu finden konnte. Sie lebten im uralten Muster der Jäger in unabhängigen, über mythische Ahnen definiert und miteinander verwandten kleinen Fluss- und Dorfgemeinschaften, die keine übergeordnete Führung kannten.

Aus religionswissenschaftlicher Sicht sind "Wesen", die sich aus eigener Kraft heraus zu materieller Gestalt bringen können, wie es die *Kamui* vermögen, mächtige Schöpferwesen. Sie besitzen in anderen Kulturen höchsten religiösen Status. Nicht aber bei den Ainu, deren *Kamui* in einer menschenähnlichen Parallelwelt existieren und sich in Antwort auf das Tun der Menschen nach ihrer "Lust" zur Gestalt bringen konnten. Sie stehen in Folge der unmittelbaren Wechselwirkung zwischen Mensch und *Kamui* in einem partnerschaftlichen Verhältnis zu den Jägern.

*Abb. 7: Ainu leben vom Fischfang, Feldfrüchten aus ihren Gärten und von der Jagd.*

Weil die geographischen Besonderheiten des japanischen Archipels nomadische Wanderungen nicht zuließen, lebten offensichtlich schon die altsteinzeitlichen Jäger halb sesshaft. Sie jagten von saisonalen Hütten aus in festen Revieren und entwickelten dabei eine an den *Ka-*

*mui* orientierte Lebensweise. Man folgte dem Jagdwild nicht auf seinen saisonalen Wanderungen, sondern ließ umgekehrt das Wild im jahreszeitlichen Rhythmus zu sich kommen, indem man sich auf die Tierwanderungen innerhalb des begrenzten Lebensraumes einstellte und jeweils nur die Tiere jagte, die zu einer bestimmten Zeit zur Verfügung standen.

Wenn die Bären ihre Winterschlafplätze zum Frühjahr verließen, wurde die Jagdsaison im Gebirge mit der Bärenjagd eröffnet. Mit raffinierten Selbstschuss-Anlagen und vergifteten Pfeilen wurden die noch schlaftrunkenen, tapsigen Bären gefangen. Später kamen Hirsche und Rehe herab auf die Wiesen der tiefer gelegenen Ebenen, dann wurde auf sie Jagd gemacht. Die Frauen suchten Beeren, Kräuter und Gemüsepflanzen in den Wäldern, fingen aber auch Kleinwild, wie Hasen, Wiesel oder Rebhühner. Die Jagdzeit für Forellen und Lachse brach an, wenn diese in dichten Schwärmen die Flüsse und Bäche zum Laichen hochzogen. Sie wurden von den mit Holzlocken verzierten Weidenstäben, den so genannten *Inau*,[7] am Ufer begrüßt, bevor sie von den Jägern mit Reusen, Stellnetzen oder Harpunen gefangen wurden.

Die Ainu kannten auch Konservierungsmethoden wie das Räuchern und lagerten ihre Wintervorräte in speziellen Speichern. Man kann sagen, dass die Ainu in Hokkaido zu jeder Zeit reichlich Nahrung hatten, sie lebten fast im Überfluss. Einige Wissenschaftler sehen in dieser Nahrungsfülle die Voraussetzung für die rituelle Bären-Haltung, denn ein kleiner Bär ist nichts anderes als ein hungriges Raubtier, das ständig nach Nahrung verlangt.

Die einzelnen Kleinfamilien einer Dorfgemeinschaft, einer *Itokpa*, waren durch einen mythischen Ahnen miteinander verbunden, über den sie ihre Zugehörigkeit zu den *Kamui* des jeweiligen Fluss- bzw. Bachsystems bestimmten. Das Jagdrevier reichte dabei von der Quelle in den Bergen bis zur Mündung ins Meer. Damit hatten die Ainu Zugang zu den Jagdtieren im Gebirge, zum Kleinwild in den niedriger gelegenen Wäldern und Wiesen ebenso wie zu den Fischen in Bächen und im Meer. Aufgrund dieser rhythmisierten Lebensweise – die Ainu bezogen zu bestimmten Zeiten Hütten in den Bergen oder am Meer – konnten sich die kleinen Gemeinschaften einer *Itokpa* gut und abwechslungsreich ernähren. Diese lockeren Dorfgemeinschaften betrachteten sich „als die wahren Leute des Flusses, als Wächter des Flusstals und der *Kamui*, die dort lebten und die Menschen beschützen." (Watanabe 1973, 16)

---

7   Ich komme später ausführlich auf die große Bedeutung der *Inau* zu sprechen .

Die Eigentumsrechte dieser Flussgemeinschaften waren nicht an hierarchische Macht- und Besitzansprüche gekoppelt, sondern bezogen sich auf die Verantwortung und das Zusammenleben mit den dort ansässigen *Kamui*, für deren Wohl sich die Ainu verpflichtet fühlten. Dieses Prinzip der gegenseitigen Fürsorge schützte zugleich vor Streitigkeiten unter den Ainu: Man respektierte das Gebiet einer anderen I*tokpa* als Territorium der dort lebenden *Kamui*, und kein Jäger hätte je in einem anderen Gebiet gejagt, ohne bei dem jeweiligen Ältesten der kleinen Dorfverbände, den *Ekashi*, um Erlaubnis nachzusuchen.8 Die Verpflichtung zum achtsamen und respektvollen Umgang mit den *Kamui*, die ihr Land jeweils besuchten, belebten und damit fruchtbar machten, verhinderte mit anderen Worten gleichzeitig den gierigen Streit um Land und Jagdgründe. Die auffallend friedliche und zufriedene Wesensart der Ainu mag auch darin ihre Ursache haben.

Abb. 8 a) *Ainu-Paar beim Aussortieren der Ernte vor ihrem Lagerschuppen.*
b) *Zwei Frauen beim Graben im Garten hinter der Hütte*

Die Dörfer bestanden häufig aus nur wenigen Höfen mit den dazu gehörigen Schuppen und kleinen Vorratsscheunen. Man ging sich gerne etwas aus dem Weg, versammelte sich nur anlässlich von Festen am heiligen Herdfeuer der Feuergöttin *Fushi Kamui,* so dass sich im Alltagsleben wenig soziale Berührungspunkte ergaben. Den etwa sechs bis acht Kleinfamilien stand jeweils ein *Ekashi* als ältester Mann vor, der die notwendigen rituellen Verpflichtungen der kleinen Dorfgemeinschaft den *Kamui* gegenüber zu erfüllen hatte. Er löste wohl auch

---

8   So versicherten es die Ainu Hitoshi Watanabe im Rahmen seiner Feldforschungen. Dieses Verhalten ist noch bis in unsere Zeit hinein durch viele Studien belegt.

Streitigkeiten und nahm die Interessen der *Itokpa* nach außen hin wahr, ohne daraus einen persönlichen Machtanspruch abzuleiten.

Hitoshi Watanabe konnte bei seinen Feldforschungen eine kooperative Arbeitsteilung erkennen (1973), die Frauen und Männern klare Aufgaben zuordnete: Die Männer waren die Jäger und rituellen Führer, Frauen hingegen waren Heilerinnen, sie kochten, nähten und sangen die alten *Yukar*, die das kulturelle bzw. religiöse Erbe der Ainu tradierten. Die grundsätzliche Gleichberechtigung der Geschlechter entsprach der zwischen Menschen und *Kamui*, so dass auch innerhalb der Dorfgemeinschaft keine gesellschaftliche Schichtung entstand; es bestand weder eine matriarchale noch eine patriarchale Dominanz.

Dieses egalitäre Miteinander charakterisiert auch das *Kamui*-Konzept, das als Spiegel des Seins-Verständnisses der Ainu gelten kann. Es wurde zur Realität, weil sich die Ainu die *Kamui* so entwarfen und wahrnahmen, wie sie von ihnen erdacht wurden. Von der Nahrungszubereitung über die Jagd und den Hausbau bis hin zur Gartenarbeit war ihr Alltag von der Gegenwart und den Vorlieben der *Kamui* bestimmt, die einen freundlichen und respektvollen Umgang der Ainu miteinander geboten. Ihre eigenen sozialen Angelegenheiten aber, ihr persönliches Leben, wie beispielsweise ihren Tod, regelten die Ainu ohne Einmischung der *Kamui*, denn dafür waren sie in ihren Augen nicht zuständig. Die Ainu entwarfen Heiratsordnungen und fürsorgliche Vorgaben für die Versorgung von Alleinstehenden oder solchen Familien, deren Männer auf der gefährlichen Bärenjagd ums Leben gekommen waren. Selbstverständlich wurde auch die erjagte Beute nach fest gelegten Regeln aufgeteilt. Wie in allen archaischen Jägergemeinschaften kamen die Nöte, Ängste und Sorgen des Einzelnen in diesem Konzept nicht vor, ja vielleicht tauchten sie im Bewusstsein der frühen Jäger nicht einmal auf.

## Shiramba-*Kamui* und Fushi-*Kamui*

Bei der unendlichen Vielzahl von *Kamui*, die die Welt der Ainu bevölkerten, waren doch einige wichtiger als andere, weil sie existenzielle Aspekte abdeckten. Als einen der mächtigsten *Kamui* verehrten die Ainu *Shiramba Kamui,* den Erhalter der Welt. Er bringt aus seinem *Ramat*, seiner seelischen Potenz, den Wald hervor. *Shiramba Kamui* ist kein Schöpfergott, sondern ist gegenwärtig in der Natur; er lebt in jedem Baum. Der Wald ist für die Ainu eine wichtige Existenzgrundlage: Er beherbergt das Jagdwild, lässt Kräuter und Früchte, Heil- und Nutzpflanzen wachsen, er liefert den Grundstoff für die Werkzeuge, das Baumaterial für die Hütten und das Brennholz, das die Feuergöttin *Fushi Kamui* erstehen lässt. Denn Holz enthält, so sagen die Ainu, "die besondere Energie aus der Seele und dem Geist des *Shiramba Kamui*." (Munro 1962, 16) Es gäbe keinen besseren Schutz gegen Böses als lebendes Weidenholz, so versicherten es die *Ekashi* dem Feldforscher Munro. Deshalb sind auch die wirkungsvollsten *Inau* aus Weidenholz geschnitzt.

*Abb.9 Zeremonie an der Herdgrube, bei der Inau für Fushi Kamui verbrannt werden.*

*Fushi Kamui* ist die Seele des Hauses. Sie war im Feuer gegenwärtig, das permanent in einem großen rechteckigen Herd in der Mitte einer Ainu-Hütte brannte. Die große Herdgrube im Zentrum der ansonsten leeren Hütte wurde mit *Inau*-Stäben geschmückt. Wenn das Holz knisterte, sagten die Ainu: „Großmutter Herd spricht im Feuer."(Ohnuki-Tierney 1974, 90) Damit war die Ainu-Hütte so etwas wie ein sakraler Raum. Dort begegneten die Jäger ihren *Kamui*, wenn *Fushi Kamui* aus dem reinen Holz des *Shiramba Kamui* erstand und ihre Flammen aufloderten. In jedem Ritual wurde sie zuerst angerufen; denn sie war die Mittlerin und Botin zwischen den Menschen und den *Kamui*. Sie war Beschützerin des Hauses und der Familie, war Großmutter und Ahnin.

Die Hütte der Ainu war nicht ihr Aufenthalts- oder Wohnraum. Sie war vielmehr eine Stätte der *Kamui*, zu der die Menschen in einen ehrfürchtigen, aber keineswegs unterwürfigen Kontakt traten. Man aß gemeinsam auf den Knien um die große rechteckige Herdgrube der *Fushi Kamui* und empfing dort die Gäste. Keine alltägliche Arbeit wurde hier verrichtet. Hier fanden die Rituale statt, die der Hausherr in seinem Festgewand mit einer *Inau*-Krone auf dem Kopf leitete. Man saß in Anwesenheit der *Fushi Kamui* in fester Sitzordnung um die Herdgrube und schenkte ihr *Inau*, indem man die schönen Holzlockenstäbe in ihren Flammen verbrannte. (Abb.9)

*Abb.10 Strohgedeckte Ainu-Hütte mit Bärenkäfig und Nusa im Hintergrund*

Die Ordnung fügte es, dass das männliche Familienoberhaupt am Kopf der Herdgrube saß, während die Frauen auf der rechten und die Kinder auf der linken Seite Platz nahmen. In derselben Ordnung schliefen sie dort auch auf Matten, die tagsüber säuberlich aufgerollt und in den Vorraum geschafft wurden. Dadurch war der an den Wänden mit kunstvollen Matten behängte Raum fast leer, was ihn übersichtlich und zugleich ästhetisch erscheinen ließ. Die Forderung nach Sauberkeit, Ordnung und Schönheit ist ein wesentliches Element des

*Kamui*-Konzepts. Alle Gegenstände, Decken und Kochutensilien wurden ordentlich in festgelegter Weise aufbewahrten. Denn die *Kamui* konnten durch unwürdige Unordnung oder mangelnde Achtsamkeit beleidigt werden.

Auch das *Fushi Kamui* erweckende Feuerholz draußen am Haus durfte nicht verunreinigt sein. Selbst die Asche war noch so heilig, dass sie auf einem besonderen Platz entsorgt wurde. (Vgl. Watanabe 1973,10) Denn Schmutz wurde als Respektlosigkeit gegenüber den *Kamui* angesehen. Damit sich die in der Schönheit der Natur offenbarenden *Kamui* auch gerne in der Ainu-Hütte aufhielten, waren unbedingte Sauberkeit und Ästhetik geboten. Sie zeigt sich in allen kunsthandwerklichen Gegenständen9 der Ainu: in ihren Matten und Holzgefäßen, in den höchst kunstvoll geschnitzten Sake-Stäben (Abb.14), in den originellen, großen Mustern ihrer gestickten Mäntel (Abb.15) ebenso wie in den *Inau*-Stäben (Ab. 12), die sie im sakralen Teil ihrer Hütte aufbewahrten.

Die Hütten teilten sich nämlich durch eine unsichtbare, aber selbstverständlich eingehaltene Linie in einen Teil für die Menschen, die dort schliefen, und einen den *Kamui* vorbehaltenen Bereich. In der sakralen Hälfte lagerten auch die rituellen Schätze. Diese sorgsam gebauten Hütten waren von etlichen Schuppen, Scheunen und verschiedenen Arbeitsplätzen umgeben. Hierzu zählten Speicher, Trinkwasserbehälter, weiter abgelegen errichtete Toilettenhäuser, getrennte Trockengerüste für Fisch und Fleisch, Häutungsplätze für die Jagdbeute, Schuppen für Werkzeuge, Jagd-Utensilien und natürlich der für den Aufenthalt eines jungen Bären bestimmte Bärenkäfig. Manchmal war der Bärenkäfig, der zu jedem Hof gehörte, auch im sakralen Teil der Hütte untergebracht, denn der Bär galt den Ainu als ihr höchster Gast. Er kam als junges Tier auf den Hof und wurde bis zum *Lyomante* liebevoll und mit großem Respekt von den Frauen und Kindern versorgt.

Alle Gebäude und Schuppen eines Anwesens gruppierten sich um einen zentralen Platz, auf dem das *Lyomante* stattfinden konnte. Die Teilung in Bereiche für Menschen und solche für *Kamui* setzte sich außerhalb des Hauses fort, indem sich das "heilige Fenster" des Hauses zu diesem Platz hin öffnete und zugleich eine Verbindung zu den Bergen, dem Reich der Bären, herstellte. Der Platz war vom so genannten *Nusa*-Zaun begrenzt, den man als eine Art "Altar" bezeichnen kann. Er bestand aus vielen, langsam verwitternden *Inau*-Stangen mit aufgesteckten Tierschädeln von vergangenen *Lyomante*-Ritualen. Bei den ja-

---

9   Vgl. Spirit of a Northern People 1999. Dort sind viele handwerklicher Arbeiten der Ainu abgebildet. .

panischen und europäischen Forschern hinterließen diese ausgefransten Holzlocken, zwischen denen alte Bärenschädel steckten, einen ausgesprochen archaischen Eindruck.

## *Inau* und Sake Geschenke für die *Kamui*

Die Ainu kannten keinerlei Kultstätten, keine Schreine oder heiligen Orte, die sie zur Verehrung ihrer *Kamui* besucht hätten. Dafür spielen die *Inau* eine umso größere Rolle. *Inau* sind die schon mehrfach erwähnten, mit feinen Holzlocken verzierten Weidenstäbe, die die Ainu für alle Begegnungen mit den *Kamui* verwendeten. Sie gingen davon aus, dass die *Kamui* sie schön fänden und außerordentlich liebten. *Inau* wurden zu jedem Ritual angefertigt. Zusammengebunden bilden die Holzlocken eine Art Krone, die die Männer bei ihren Ritualen trugen.

Abb. 11 *Inau wurden für jedes Ritual neu hergestellt. Bei sakralen Handlungen trugen die Ekashi ihre Festgewänder.*

"Viele Inau verkörpern Ahnen-Ramat[10] und sind in einer Weise mit übernatürlicher Kraft erfüllt, die von den Ahnen, einer spirituellen Energie oder einem eindrucksvollen Naturphänomen herrührt. (...) Inau werden auch als Boten oder Mediatoren zwischen den Ainu und

---
10   Auf das Prinzip des *Ramat* gehe ich weiter unten ein.

den Kamui betrachtet. (...) Fünfzehn verschiedene Hölzer konnten zur Herstellung von Inau verwendet werden. (...) Nach alter Tradition war das Rückgrat der Menschen, das als Sitz des Lebens galt, ursprünglich aus Weiden-Stämmen gemacht. (...) Die Alten sind so sehr überzeugt, dass die Weide der Baum des Lebens ist."11

*Inau* waren Geschenke, eine Art Gegenleistung der Ainu für die *Kamui*, die sie mit Fleisch und Fell versorgten. Munro berichtet, dass es viele verschiedene Formen von *Inau* gab, die für unterschiedliche Gelegenheiten bestimmt waren und für verschiedene *Kamui* geschnitzt wurden. (Munro 1962, 28f.)

*Abb. 12 Die Ainu kannten verschiedene Inau für jeweils andere Kamui und Anlässe.*

„Um erfolgreich in einer Welt zu überleben, die sie mit den *Kamui* teilten, mussten die Ainu besondere Techniken der Kommunikation mit ihnen entwickeln." (Philippi 1979, 1) Diese Kommunikation fand über die *Inau* statt, weil sich die *Kamui* in der Vorstellungswelt der Ainu ebenso an ihnen erfreuten wie sie selbst. Zu jeder Zeremonie und vor allem für das große *Lyomante* wurden von den *Ekashi* die *Inau* gefertigt, mit denen der Bär und sein Käfig geschmückt und der Ort des Geschehens "geheiligt" wurde. Es war eine sakrale Handlung, bei der die Männer ihre Festgewänder trugen, am Feuer der *Fushi Kamui* sa-

---

11  Die Zusammenstellung von Zitaten folgt Munro 1962, 29 ff

ßen und mit scharfen Messern die Rinde so schabten, dass sie in schönen Locken von oben herabhing. (Abb. 11)

Die Ainu "wussten", dass sie die *Kamui* mit den *Inau* glücklich machten und dass diese sie als Geschenke der Ainu ansahen. Ausgestattet mit großer magischer Kraft, wurden die *Inau* auch im Exorzismus eingesetzt, etwa in dem Sinne, dass sie den Delinquenten reinigten und in ihm eine Wandlung bewirkten.12 Die *Inau* entwickelten Heilkraft, weil in ihnen die *Kamui* gegenwärtig sind.

Abb.13a) Nusa-Zaun mit Inau, zwischen denen Bärenschädel hängen. b) Ekashi mit der Krone aus Holzlocken vor einem Nusa; er bespritzt die dort anwesenden Kamui mit Sake.

*Inau* wurden in der Wildnis zur freudigen Begrüßung der Zugvögel oder am Ufer der Flüsse für die zurückkehrenden Lachse aufgestellt. Sie standen oben in den Bergen an den Stellen, wo ein Bär erlegt oder seine Knochen nach dem *Lyomante* bestattet wurden. (Abb.25) Vor allem aber bildeten sie in dichter Reihe zusammengedrängt den *Nusa*-Zaun vor dem heiligen Fenster eines jeden Ainu-Hauses, wo die ausgefransten Holzlocken zwischen den alten Schädeln heimgesandter Tiere im Wind wehten.(Abb. 13a) Der *Nusa*-Zaun war ein spiritueller Ort, an dem der *Ekashi* die hier anwesenden *Kamui* mit Sake versorgte. (Abb. 13b) Im Laufe der Zeit verwitterten die *Inau* und zerfielen auf natürli-

---

12 Man beachte, dass die so genannte Haraigushi des Shinto dies noch bis heute in Japan bewirkt.

che Weise; denn sie durften niemals fortgeräumt werden, weil die *Kamui* in ihnen zugegen waren. Diese zerzausten und wilden *Inau*, zwischen denen alte Eulen-, Lachs- und Bärenschädel staken, verliehen dem *Nusa* ein eigenwilliges Aussehen.

Für die Ainu waren die *Inau* von existenzieller Bedeutung. Sie fertigten *diese* kunstvollen Stäbe allerdings nicht aus persönlicher Liebe oder emotionaler Hingabe zu den *Kamui* an, sondern in mehr pragmatischer Gegenleistung für das Wild, in das sich die *Kamui* kleideten, um den Ainu Nahrung in Form von Fleisch und Fell als Geschenke zu bringen. Im Gegenzug dafür wollten sie den *Kamui* Freude bereiten: Sie freuten sich am Anblick ihrer Schönheit, heißt es in den *Yukar*. Durch die *Inau* fühlten sie sich geehrt und von den Menschen wahrgenommen. Die *Inau* schürten die Sehnsucht der *Kamui* danach, immer wieder die Menschenwelt zu besuchen. Und die Ainu gingen davon aus, dass sie nur dann genügend Jagdwild erlegen könnten, wenn auch die *Kamui* ausreichend schöne *Inau* von ihnen erhalten würden.

Es handelt sich bei den *Inau* also um Dankesgaben und nicht etwa um Opfergaben im monotheistischen Sinne, wie häufig argumentiert wird. *Inau* bringen das Bemühen um Harmonie mit den *Kamui* zum Ausdruck. Sie wurden gefertigt, um die *Kamui* zu erfreuen, „to please the spirits", wie Munro formuliert. (Munro 1962, 169) "Wenn die Inau unter dem Schnitt des Messers in der Hand eines Ältesten Gestalt annehmen, scheinen sie mit Leben erfüllt zu sein." (ebd.28) Ob auch schon die "Absendeplätze" der altsteinzeitlichen Jäger mit *Inau* geschmückt waren, lässt sich aus heutiger Sicht natürlich nicht mehr feststellen. Doch wahrscheinlich haben sie den heimgesandten Jagdtieren ähnliche Geschenke mitgegeben, weil sie die Harmonie zwischen Menschen und Geistern stärken konnten. Es entspricht durchaus dem Weltbild der alten Jäger, einen kooperativen und gleichrangigen Umgang mit den *Kamui* zu pflegen. Sie wollten sie nicht mit Opfergaben bestechen, sondern sie mit schönen *Inau* und reichlich Sake erfreuen, um sie an ihrer eigenen Freude teilhaben zu lassen und sie dadurch wieder in die Menschenwelt zu holen.

Der Sake-Wein als vergorenes Getränk wurde in einem ähnlich rituellen Kontext verwendet wie die *Inau*, denn auch er war eine Gabe für die *Kamui*. Er wurde eigens zu jedem Fest gebraut, um den *Kamui* in ihrer Welt die gleiche Freude zuteil werden zu lassen wie sie die Ainu empfanden. Sake entzündete ihren Willen zur Transformation, er ließ sie ihr Gewand von Fleisch und Fell annehmen, in dem sie in die Menschenwelt wanderten. Damit hatte der Sake-Wein im Ritualgeschehen der Ainu eine Existenz sichernde Funktion. Er war nicht nur ein heiter und fröhlich stimmendes Rauschgetränk, sondern noch viel mehr: Er gewährleistete die Wiederkehr des Wildes.

Die unsichtbaren *Kamui* feierten am gleichen Platz und zur gleichen Zeit mit den Ainu. Hierfür wurde mit einem besonderen Holzstab Sake für die *Kamui* "verspritzt": Die *Ekashi* schnippten mit einem Holzstab für die *Kamui* etwas Sake auf die Erde und tranken dann selber, den Stab quer über die feine Holzschale gelegt,13 den *Kamui* zu. Das war ein entscheidender Akt, denn die Ainu glaubten, dass diese Tropfen in der Welt der *Kamui* zu ganzen Fässern von dem herrlichen Getränk anschwollen, der sie in den gleichen Rausch versetzte wie die Ainu. Das betraf vor allem die Wiedersehensfreude der *Kamui*, wenn durch das *Lyomante* der Bär wieder in seine Heimat zurückkehrte und alle *Kamui* geladen waren, die mitgebrachten *Inau* und den Sake bei einem rauschenden Fest zu genießen. Aus Freude über die Heimkehr der *Kamui* wurde hier wie dort tagelang getanzt, gespielt und gefeiert; so wird es in den *Yukar* beschrieben.

*Abb. 14 Die kunstvollen Schnitzereien auf den Sake-Stäbe bezeugen ihre kultische Bedeutung.*

Diese Stäbe, mit denen der Sake den *Kamui* überbracht wurde, gehörten zu den wertvollsten Schätzen der Ainu-Familien und zählten zum persönlichen Besitz eines jeden *Ekashi*. Heute kann man die

---

13  Dieses Bild veranlasste die Archäologen hier von „Schnurrbarthaltern" zu reden, als solche führten sie die heiligen Stäbe in der Literatur ein.

kunstvollen Arbeiten beispielsweise im Museum in Nibutami bewundern. Ihre geschwungene Symbolik ist charakteristisch für die kunsthandwerkliche Tradition der Ainu. Man findet die gleichen Motive und Muster auf den Sake-Holzschalen ebenso wie auf den Festgewändern, die von den Ainu zu rituellen Anlässen getragen wurden, um den *Kamui* die Ehre zu erweisen. Viele dieser Festgewänder werden heute in den Ainu-Museen bewahrt, denn sie wurden in hohen Ehren gehalten und innerhalb der Familien weitervererbt. Der Stoff wurde aus einem Bast ähnlichen Material gewebt und dann sehr aufwändig bestickt. Im Museum von Nibutami durfte ich in einen solchen Mantel schlüpfen, für dessen Herstellung eine Ainu-Frau zwei Jahre benötigt hatte.

*Abb.15 Festgewänder im Museum von Nibutami*

Dass Sake als ein heiliges Getränk verwendet wurde, konnte der Japanologe Klaus Antoni in seiner wissenschaftlichen Untersuchung schon für eine sehr frühe Zeit belegen. (Antoni 1988) Demnach konnten aller Wahrscheinlichkeit bereits die Jomon-Jäger vor Jahrtausenden verschiedene Substanzen zu einem Rauschgetränk vergären, das in einen Zustand veränderten Bewusstseins führte. Dieser Zustand scheint nach Vorstellung der Ainu notwendig gewesen zu sein, um kreative Kräfte überhaupt erst zu entfalten. Sie waren die Voraussetzung dafür, dass sich die *Kamui* dann in Jagdtieren zur Gestalt bringen konnten.

Sake und *Inau* waren für die Jäger also von existenzieller Bedeutung. Sie sind die wichtigste Gegenleistung für Fleisch und Fell, das die *Kamui* bei ihrem Besuch den Ainu schenkten. Wir können sie als eine pragmatische Verpflichtung zur Gegengabe betrachten, wie sie für archaische Kulturen typisch ist. Auf diesem Hintergrund hatten die fröhlich und vergnüglich anmutenden Rituale der Heimsendung einen sehr ernsten Charakter: Die ausgelassenen Spiele anlässlich des *Lyomante* sollten die *Kamui* in ihrer Parallelwelt mitreißen, vielleicht "verzaubern" und sie zu einem erneuten Erscheinen in der Menschenwelt veranlassen. *Inau*, Sake, die Holzstäbe und Schalen waren das Heiligste, das die Ainu kannten: Sie "zauberten" Fülle, Nahrungsreichtum, Wohlergehen und verscheuchten Not, Hunger, Krankheit. In diesem Sinne könnte man vielleicht besser von einem *Inau*-Kult sprechen, denn die *Inau* in Verbindung mit Sake sicherten den Fortbestand des Lebens.

Abb. 16 Ein Ekashi mit Inau-Krone verspritzt Sake.beim Lyomante

# Yukar –
## "Gesänge der Götter, Gesänge der Menschen"

Die *Yukar* wurden von besonderen, oft berühmten Frauen zu den großen Festen "gesungen", wenn die Familie im Kreise von Gästen am Feuer der *Fushi Kamui* beisammen saß. Als die Japaner in den ersten Jahrzehnten des 20. Jahrhunderts damit begannen, diese alten Mythengesänge auf Tonträger aufzuzeichnen, lebten noch einige Ainu-Sängerinnen, darunter Hiraga Etenoa und Hirame Karepia (Abb.17), die den eigentümlichen Sprechgesang authentisch vortragen konnten.

Der Refrain wurde dabei von allen Anwesenden begleitet. Die Sängerinnen imitierten auch die Laute der Tiere, die von ihnen dargestellt wurden, denn die *Yukar* berichteten vom Handeln und Denken verschiedener Tier-*Kamui* und von dem, was sich in deren Welt abspielt.

*Abb.17: Die Sängerinnen der Yukar a) Hiraga Etenoa b) Hirame Karepia*

Die *Yukar* handeln ausschließlich von den *Kamui*, die in Hütten leben, auf die Jagd gehen oder feiern und deren Frauen endlos nähen – so, wie das auch bei den Ainu geschieht. In einer archaischen Weise hat die unsichtbare geistige *Kamui*-Welt ihre Entsprechung in der materiellen Welt der Jäger. Wobei es sich natürlich umgekehrt verhält: Die Jäger konnten sich die Welt der Geister nur so wie ihre eigene vorstellen. Deshalb klingen die *Yukar* ausgesprochen "normal" und keineswegs so irreal wie andere Schöpfungsmythen, die in ihrer seltsamen Logik eine geistige Sphäre dokumentieren wollen.

Die Welt der *Kamui* aber ist wie die Menschenwelt, und so geben die *Yukar* bekannte Ereignisse und eigentlich alltägliche Gedanken wieder. Sie lassen die *Kamui* in Ich-Form durch den Mund einer Ainu-Schamanin sprechen, die die Tierlaute nachzuahmen scheint, von denen ihre Geschichte handelt und die im Refrain von allen Anwesenden wiederholt werden. Aus Sicht der *Kamui* berichten die Sängerinnen beispielsweise von der großen Fischeule, dem mächtigen Bären, der *Fushi Kamui* oder der Krähen-*Kamui* und erklären ihren Zuhörern damit wichtige Zusammenhänge des Daseins.

In dem Sinne können die *Yukar* als Schöpfungsmythen aufgefasst werden, denn sie begründen und festigen mit ihren Schilderungen die Welt der Ainu. Sie erzählen davon, dass Ainu und *Kamui* auf gegenseitige Freundlichkeit, Rücksicht und Achtung angewiesen sind und wie notwendig die Harmonie zwischen ihnen ist. Sie weisen darauf hin, dass die Ainu selbstverständlich töten können, dass dies aber in achtsamer Weise geschehen muss. Alle *Yukar* enden mit einer Art Belehrung, einem pädagogischen Hinweis auf das "richtige" Verhalten. Hierin wird erklärt, was im Zusammenleben mit den *Kamui* unbedingt zu beachten ist. Die *Yukar* beleuchten den Zusammenhang von Handlungen in der Menschenwelt und den Reaktionen darauf in der Welt der *Kamui*, wobei auch die *Kamui* belehrt werden können. So endet beispielsweise *Yukar* 10 mit der Aufforderung an eine aggressive Bärin, nie wieder solche bösen Taten zu begehen: "Ich bitte dich, o Bärin, tue nicht, tue auf keinen Fall, tue niemals solche Dinge wie diese." (Philippi 1979, 132)

Eine besonders aufschlussreiche Stelle in Bezug auf die Bedeutung der *Inau* und des Sake steht im *Yukar* 12, "Gesang der Eulen-*Kamui*": "Als zwei, drei Tage nach der Heimsendung vergangen waren, kam das Fest [*Lyomante*] zum Ende. Als ich sah, dass die Menschen jetzt freundlich miteinander waren, war mein Herz leicht. Ich nahm Abschied von *Fushi-Kamui*, von dem *Kamui* des Hauses und den *Kamui* des heiligen Zaunes (des *Nusa).* Ich wanderte zurück zu meinem Haus. Bevor ich dort ankam, hatte ich mein Haus schon gefüllt mit wunderschönen *Inau* und köstlichem Wein. (...) Als die Kamui aufbrachen am Ende des Festes, gab ich jedem zwei oder drei wunderschöne *Inau* mit. Als ich mich zum Dorf der Menschen umsah, war jetzt alles friedlich. Die Menschen waren alle Freunde miteinander (...)." (Philippi 1979, 147)

Waren die *Kamui* aber verärgert, weil sie respektlos behandelt, mit falschen Jagdwaffen gefangen wurden oder nicht genügend *Inaus* und Sake bekommen hatten, dann besuchten sie die Menschen einfach nicht mehr.[14] Denn die *Kamui* empfanden das als verletzendes, beschämendes Verhalten und wollten ihre Verwandten dann nicht mehr zu einem Besuch in die Menschenwelt schicken. Auch das erzählen die *Yukar*. An anderer Stelle aber, im „Gesang der Krähen *Kamui*", heißt es: Wenn die *Kamui* bei festlichen Trinkgelagen glücklich sind und fröhliches Gelächter erschallt, wenn die Krähen-*Kamui* den Tanz der glitzernden Juwelen unter den Gästen des Festes tanzt, dann springen

---

14 Es war bei den Ainu durchaus üblich, die *Kamui* zu beschimpfen, beispielsweise wenn sie trotz vieler Gaben eine Hungersnot entstehen ließen oder ein aggressiver Bär einen Jäger getötet hatte.

Eicheln und Kastanien aus ihren Händen, dann sind die Wälder voller Wild und Flüsse und das Meer voller Fische. Dann haben die Ainu genügend zu essen und sind glücklich so wie die *Kamui*. (Vgl. Philippi 1979, 66f, Yukar 1)

Im folgenden möchte ich drei *Yukar* aus Philippis Sammlung "Songs of Gods and Songs of Humans" (1979) in ihrer ganzen Länge zitieren, um einen tieferen Einblick in diese Art von Dichtung zu ermöglichen. Meine Übersetzung verfolgt dabei keinen literarischen Anspruch, mir kommt es vielmehr auf den transportierten Inhalt an, der aber auch in dieser recht grob angelegten Übersetzung aus dem Englischen sehr gut sichtbar wird15.

Obwohl es sich um Mythen handelt, die häufig verschlüsselte Auskünfte über das So-Sein und die Schöpfungskräfte der Welt geben, erscheinen diese Mythen ganz klar in ihren Handlungen, bis man registriert, dass sich z.B. der Bär im *Yukar* 9 wie durch Zauber von jetzt auf gleich in Fleisch und Fell zur Gestalt bringt und in der Menschenwelt erscheint – ohne dass gedeutet würde, wie das geschieht – und schließlich ebenso einfach wieder in seine *Kamui*-Gestalt transformiert. Was für andere Kulturen ein verborgenes Schöpfungsphänomen ist, nämlich die Wandlung aus dem Nicht-Sein zu neuer Gestalt, d.h. die Neuerschaffung, bleibt für die Ainu eine unproblematische schlichte Tatsache, bei der weder Geheimnis noch emotionale Anteilnahme oder Mitgefühl mitschwingen. Die Wandlung ist nicht magisch, sondern vollzieht sich auf selbstverständliche, fast pragmatische Weise – so wie auch die Sonne jeden Tag wieder aufs Neue aufgeht.

## Yukar 1: Lied der Kararat *Kamui*, der Krähe

erzählt von Hiraga Etenoa

Ich lebte
in den höheren Himmeln,
wohnend unter den Kamui.
Jedoch niemals durfte ich
den Klang von Feiern
hören, den Klang
von Trinkgelagen
der Kamui,
die von den Menschen
Inau erhalten hatten
und menschlichen Wein.
Ich sehnte mich immer,
diese zu bekommen.

Ich verlangte so sehr
nach ihnen, dass ich,

---

15 Der Zeilenumbruch der Yukar folgt im originalen Ainu-Text dem Rhythmus des Sprechgesanges, der immer von einem Tierlaut ähnlichen Refrain der Zuhörer begleitet wurde.

wenn ich allein war,
aufstand und den Tanz
der glitzernden Schätze,
den Tanz
des glitzernden Metalls
auf dem Boden
vor dem Kopf
der Herdstelle tat.
Dann fielen Eicheln
von meiner einen Hand
und Kastanien
von meiner anderen Hand.
Dank dessen war
ich in der Lage,
mich selber zu amüsieren
und in dieser Weise
fuhr ich fort zu leben,
immer und immer
ereignislos.

Dann verbreitete
sich die Nachricht
unter den Kamui,
dass ich dies tat,
und nur dadurch
wurden die Kamui
das erste Mal aufmerksam
auf meine Existenz.
Danach wurde ich
das erste Mal eingeladen,
als Wein von
den Menschen
geliefert wurde, und ich
konnte dem Trinkgelage
beiwohnen.

Ich trank,
und wie überaus köstlich
war der Wein!
Ich trank, mein Kopf
war sehr berauscht von
dem Wein, berauscht von
dem Getränk.
Zu der Zeit
tat ich den Tanz
der glitzernden Schätze,
den Tanz des glitzernden
Metalls,

mich auf und ab
am Boden bewegend.
Als ich tanzte,
fielen Eicheln
von meiner einen Hand
und Kastanien fielen
von meiner anderen Hand.
Dann begannen die Kamui
um die Wette zu laufen
und die Kastanien
und die Eicheln
vom Boden aufzuheben.
Klänge großen
Gelächters und
Klänge großer Fröhlichkeit
erschollen plötzlich.
Während das geschah,
sprach der Kamui, der
die oberen Himmel regiert:

"Ich wusste nicht bis jetzt,
dass die mächtige Kamui,
die Kararat Kamui,
so überaus dicht
bei meinem Haus wohnt.
Einer der Gründe,
warum ich die
Kararat Kamui einlud,
war, weil ich mich bei ihr
entschuldigen wollte,
aber seht, wie berauscht
von dem Wein
ihr Geist ist!"
Dies sagte er.

Das unvergleichliche Fest
kam zu seinem Ende.
Danach blieb ich
in meinem eigenen Haus.
Immer seit dem, wenn
die Kamui von
den Menschen
verehrt werden
und Wein geliefert wird,
ist da kein Bankett, kein
Trinkgelage, bei dem ich
jemals ausgeschlossen
bin. Ich werde

immer eingeladen
und wohne jedem Fest bei
und wenn ich trinke,
berauscht sich mein Geist
mit dem Wein.

Dann tue ich den Tanz
der glitzernden Schätze,
den Tanz
des glitzernden Metalls
unter den Gästen
des Festes,
und Eicheln fallen von
meiner einen Hand
und Kastanien fallen
von meiner anderen Hand.

Die Kamui
laufen um die Wette
und heben die Eicheln
und die Kastanien auf.
Klänge großen Gelächters,
Klänge großer Fröhlichkeit
erschallen plötzlich,
und ich habe Freude an
dem noblen Trinkgelage,
dem noblen Fest.

Dies ist die Art,
in der ich fortfahre zu
leben, immer und immer.
Wann immer Wein
und Inau
von den Menschen
geliefert werden,
bekomme ich Portionen
von Inau
und Portionen von Wein,
und das vermehrt
meinen Glanz als Kamui.
Das ist die Art
wie ich fortfahre zu leben,
immer und immer
ereignislos.

*Abb. 18 Ainu lauschen am Feuer den Yukar*

In diesem *Yukar* wird die Bedeutung von *Inau* und Sake sehr deutlich. Sie sind es, die bei den *Kamui* größte Freude auslösen und dadurch als Gegenleistung Nahrungsfülle entstehen lassen. Vom Wein berauscht, lässt die *Kamui* bei ihrem herrlichen Tanz Eicheln und Kastanien aus ihren Händen „fallen". Im Tanz entsteht die Nahrung – dieser Vorgang wird ganz schlicht beschrieben, wo man doch von einem geheimnisvollen "Hervorzaubern" hätte reden können. Hervorgehoben wird jedoch die Mitwirkung der Menschen, denn erst die Geschenke von *Inau* und Sake können die Freude auslösen. Die Ainu übertragen ihr großes Bedürfnis nach Harmonie, nach Rücksicht und Frieden auf ihre *Kamui*, indem diese durch Freude schöpferisch werden.

## Yukar 7: Gesang der *Kamui* des Wassers

erzählt von Hiraga Etenoa[16]

Nichts tuend als
Nadelarbeit, blieb ich
mit meinen Augen
auf einen Punkt gerichtet
und in der Weise
fuhr ich fort zu leben
immer und immer.

Dann eines Tages
erschien etwas Dunkles
am Fenster.
Ich guckte und sah
auf der Fensterbank
einen großen Weinbecher
bis zum Rand gefüllt.
Über dem Weinbecher
lag ein
geschnitzter Libationsstab.
Dieser Zauberstab
lief hüpfend auf der
Fensterbank umher
und drehte sich um

in diese Richtung
und in jene Richtung.
Indem er das tat,
der Libations-Zauberstab,
während er sich hierhin
und dorthin wand
auf dem Weinbecher,
sprach er eine Botschaft:
Dies waren seine Worte:

„Der Kamui Okikurmi
hat mich gesandt, diese
Botschaft zu bringen:

‚Hungersnot ist
ausgebrochen im Land
der Menschen, und ich
war behilflich bei meinen
Verwandten ihnen
alle Nahrung zu geben,
die ich hatte,
doch mit der Zeit

---

[16] Die Ainu-Schamanin Hiraga Etenoa spricht hier 1932 als Wakka-ush-Kamui oder Petorushu-Mat, als die *Kamui* des Wassers.

war sogar ich
hart bedrängt.
Trotzdem braute ich Wein
mit der wenigen Nahrung,
die ich hatte,
mit dem letzten Getreide,
das ich hatte,
und nun bin ich
angewiesen auf eure Hilfe
mit Wein und mit Inau.
Göttin des Wassers,
o, Petorushu-mat,
ich flehe, komm'
zu unserer Unterstützung!'

„Dies ist die Botschaft,
mit der mich
der Kamui Okikurmi
zu Euch sandte."

Dies war die Botschaft, die
von dem
Libations-Zauberstab
gesprochen wurde.
So stand ich auf und
nahm sechs Weingefäße
an das Ende
des Feuerplatzes
und sechs Weingefäße
an den Kopf
des Feuerplatzes.
Danach nahm ich
den Weinbecher
und leerte seinen Inhalt
in diese Weingefäße.
Danach vergingen zwei
oder drei Tage und ich
besuchte die Kamui
des Flusses Rapids.
Ich besuchte
die Eulen-Kamui,
die das Land regiert.
Ich besuchte
den Kamui des Wildes.
Ich besuchte
den Kamui der Fische.

Danach wurden
die eingeladenen Gäste
zeremoniell hereingeleitet.
Ich setzte
die Eulen-Kamui
an die Stelle
des wichtigsten Gastes.
Ihr gegenüber die
Kamui der Jagd. Setzte
den Kamui des Wildes
dem Kamui der Fische
gegenüber.

Dann wand ich mich nach
draußen, um den Gästen
Wein einzuschenken.
Nach einer Weile
begann ich zu sprechen
und sagte folgende Worte:

Seht hier,
Kamui des Wildes
und Kamui der Fische!
Ich habe einiges zu sagen,
dass ihr beide und
alle Kamui hören müssen.
Was ich zu sagen habe,
ist dies:

Hungersnot ist
ausgebrochen
im Land der Menschen,
und der Kamui Okikurmi
ist sehr bedrückt davon.
Deshalb hat er
Wein gebraut
von dem letzten Getreide,
das er hatte,
mit der einzigen Nahrung,
die er hatte,
und hat Geschenke von
Wein und Inau
zu meinem Wohnsitz
gesandt, weil er wünscht
durch die Inau
und den Wein
den Kamui des Wildes
und den Kamui der Fische
zur Hilfe anzurufen.

Deshalb habe ich
euch alle eingeladen,
ihr mächtigen Kamui.
Ich flehe euch an,
gebt eure Zustimmung
zu meinem Anliegen!"

Als ich dies sagte,
blieb der Kamui
des Wildes
still für eine Weile,
dann sagte er diese Worte:
„Wenn meine Verwandten
gehen, um den Menschen
einen Besuch abzustatten,
sagen die Menschen:
‚Frühlings-Fleisch!
Bah, wer wird so ein
Fleisch essen?'
Indem sie das sagen,
schmeißen sie
meine Verwandten fort,
mit völliger Verachtung,
ohne jedes Inau,
und sie kommen nach
Hause mit Tränen.
Ich bin sehr böse und
habe
alle meine Verwandten
im Vorratshaus
 eingeschlossen."

Dies sprach der Kamui
des Wildes.
Der Kamui der Fische
sprach diese Worte:

„Wenn meine Verwandten
zu den Menschen gehen,
um Geschäfte zu machen
töten die Menschen
die Fische mit
einem verrotteten Holz.
Sie sagen:
‚Wer soll denn diesen
zerlumpten Fisch essen?'
Sie werfen ihn weg

mit völliger Verachtung,
und meine
armen Verwandten
kommen in Tränen
nach Hause.
Ich bin sehr böse
und habe
alle meine Verwandten
im Vorratshaus
eingeschlossen."

Diese Worte wurden vom
Kamui der Fische
gesprochen.

In der Zwischenzeit
wurden von uns zweien –
der Kamui des Flusses
Rapids und mir –
viele Lieder und Gesänge
aufgeführt.
Während dieser Zeit
behielt die Eulen-Kamui
ihre Augenlider
dicht geschlossen.
Ich überlegte in meinem
Herzen, was der Grund
dafür sein könnte.

Es kam heraus, dass ein
Haar vom Kopf einer Frau
in den Wein
gekommen war,
und darüber war
die Eulen-Kamui ärgerlich.
Deshalb begann ich
zu reden
und sagte diese Worte:

„O, was für ein
unachtsamer Kobold
von Frau bin ich.
Ich wusste nicht einmal,
dass ein Haar von mir
in den Wein geraten war.
Und die Eulen-Kamui
wurde ärgerlich,
weil sie dachte,

es wäre ein Haar von einer
menschlichen Frau!"

Als ich dies sagte,
öffnete die Eulen-Kamui
ihre Augen
und sagte diese Worte:

„O, ich sehe eine
der großartigen Locken
von Petorushu-mat,
der erhabenen Lady,
war in dem Wein!
Und ich war ärgerlich,
weil ich dachte,
es wäre ein Haar von einer
menschlichen Frau!"

Dies sagte sie.
In der Zwischenzeit
fuhren wir zwei fort –
die Kamui des Flusses
Rapids und ich –
viele verschiedene Lieder
und Gesänge aufzuführen.
Während wir tanzten,
verließ meine Seele
meinen Körper
und ging fort.

Ich ging zum Haus
des Kamui des Windes
und öffnete
die Vorratshaustür
des Kamui des Wildes.
Danach kamen Rudel
von kleinem Wild und
Rudel von großem Wild
alle auf einmal
herausgelaufen.

Sie liefen hüpfend und
springend
über die Berghänge,
von alleine liefen die Rudel
von kleinem Wild und
von alleine liefen die Rudel
von großem Wild. Dann,
mich zurückwendend,
kehrte meine Seele
zurück in meinen
sterblichen Körper.

Inzwischen verließ
die Seele der Kamui
des Flusses Rapids
ihren Körper und ging fort.
Sie lief, bis sie zum Haus
des Kamui der Fische kam.
Sie öffnete die Türen
des Vorratshauses
des Kamui der Fische.
Sie trug die Körbe mit
Fischen darin herunter.
Sie verstreute sie über die
Fischgründe des Flusses.

Sobald sie
dies getan hatte,
waren die Fische
so zahlreich in den
Fischgründen des Flusses,
dass es schien,
als würde sich eine Schule
von Fischen
auf dem Grund an den
Felsen reiben
und eine Schule
von Fischen oben sich im
Sonnenschein versengen.

Während dieser ganzen
Zeit fuhren wir zwei fort
viele verschiedene
Lieder und Tänze
aufzuführen.

Als wie das taten,
beobachteten uns
all die Kamui mit Lächeln
auf ihren Lippen.
Nach einer Weile
fanden beide,
der Kamui des Wildes

und der Kamui der Fische
heraus, dass wir zwei –
die Göttin des
Flusses Rapids und ich –
in ihrer Abwesenheit
zu ihrem
Haus gegangen waren
und die Türen zu ihren
Vorratshäusern
geöffnet hatten
und alles Wild und
die Fischer
herausgelassen hatten.

Obwohl sie es
herausfanden, konnten sie
doch nichts dazu sagen
und sie blieben still,
als wäre nichts geschehen.

Dann fuhren wir
mit dem unvergleichlichen
Weinfest fort.
Danach drückten
alle Götter
ihre Dankbarkeit aus
und gingen heim.

Danach tat ich nichts als
Nadelarbeit,
blieb mit meinen Augen
auf einen Punkt gerichtet,
und das war die Art
wie ich mein Leben
immer und immer
ereignislos fortführte.
Als die Zeit verging,
sprach ich im Traum
zu Okikurmi:

Wenn das Wild geht,
um den Menschen
einen Besuch abzustatten,
werden sie
schlecht behandelt, wenn
sie dann nach Hause

zum Kamui des Wildes
kommen sagen sie, dass
sie böse darüber waren.
Das ist es, warum
der Kamui des Wildes
seine Verwandten rächen
möchte und sie im
Vorratshaus einschloss.
Die Seelen (das Ramat) der
Nahrung schloss er
im Vorratshaus ein.

Dasselbe war auch wahr
für den Kamui der Fische.
Wenn die Menschen
Fische töteten, schlugen
sie diese mit einem
verrotteten Holz.
Die richtige Weise
einen Fisch zu töten,
ist einen Weidenstock
zu schneiden
und einen schönen
„Head-beating-stick"
zu machen.

Der Lachs muss
mit diesen getötet werden.
Aber sie töteten ihn
mit verrottetem Holz.
Der Kamui der Fische
war ärgerlich darüber und
schloss die Seelen
der Nahrung
in sein Vorratshaus.
Das war der Grund
für die Hungersnot
im Land der Menschen.

Aber Euer Wein
und Eure Inau kamen an
meinem Wohnplatz an.
Ich gebrauchte sie,
um den Kamui des Wildes
und den Kamui der Fische
einzuladen und ebenso
die Kamui der Jagd
und die Eulen-Kamui,

und wir hatten
ein Trinkgelage.
Bei dem Trinkfest,
während sich
die Kamui vergnügten,
war es das, was wir taten.
Die Göttin
des Rapids-Flusses öffnete
die Türen
des Vorratshauses
des Fischgottes,
und ich öffnete die Türen
des Vorratshauses
des Gottes des Wildes.
Dank dessen sind da
nun Mengen
von Fisch und Wild.
Aus diesem Grund
musst Du Okikurmi,
von jetzt an
Deinen Verwandten
befehlen – Du musst
ihnen befehlen – niemals
solche Dinge zu tun,
von jetzt an.

Und noch eins, Du musst
Dich entschuldigen
bei beiden,
dem Kamui des Wildes
und dem
Kamui der Fische,
und Du musst
ihnen mit Inau
und mit Wein huldigen
im Interesse
Deiner Verwandten

Und du musst auch
Eure Dankbarkeit
gegenüber der
Kamui des Rapids-Flusses
ausdrücken.

Diese Worte sprach ich
in einem Traum
zum Gott Okikurmi.
Ich fuhr fort
weiter und weiter
ereignislos zu leben.
Dann drückten beide,
der Kamui des Wildes
und der Kamui der Fische,
ihre Dankbarkeit
mir gegenüber aus. Das
war es, was sie sagten:
„Petorushu-mat,
erhabene Lady,
Dank Dir werden
unsere Verwandten
nun gut behandelt."
Und sie drückten ihre
Dankbarkeit aus.

Auch Okikurmi
huldigte mir, drückte
seine Verehrung aus
mit Wein und mit Inau.
Auch der Kamui der Fische
und der Kamui des Wildes
drückten
ihre Dankbarkeit aus.

Der Gott Okikurmi
huldigte mir und drückte
seine Dankbarkeit aus
mit Wein und mit Inau,
und ich lebte weiter
in meinem Glanz
als Göttin.

Diese Worte wurden
erzählt
von Petorushu-mat,
der erhabenen Lady.

Für die Ainu war es ein großes Vergnügen, den *Yukar* zu lauschen. Im „Gesang der Kamui des Wassers" erkennen wir deutlich ihre Lust am Fabulieren: Die Ereignisse werden ausführlich erzählt und ausgeschmückt, während dabei wesentliche Dinge über das So-Sein der Ainu-Welt zur Sprache kommen. Falsches Jagdverhalten wird hier zur Ursache für eine Hungersnot und zwei *Kamui* finden listenreiche Abhilfe. Als Jäger leben die Ainu vom Fleisch der Tiere. Aber das Töten, so die Belehrung, muss in der richtigen Weise geschehen, damit das *Ramat* (die Seelen) der Tiere in die Welt der *Kamui* zurückfinden kann, um dort zu berichten, wie es ihnen in der Menschenwelt ergangen ist. Kommt etwa eine Seele weinend und klagend zurück in die *Kamui*-Welt, schickt der „Herr der Tiere" keine Tiere mehr zu den Menschen, und in der Folge entsteht eine Hungersnot.

Das ist für alle Jäger-Gesellschaften ein bekannter Zusammenhang. In diesem *Yukar* aber hilft eine fürsorgliche Beschützerin den Ainu: Heimlich befreit sie die gefangen gehaltenen Tiere der gekränkten *Kamui* aus ihren Käfigen, entlässt sie in die Menschenwelt und schickt sie dann als Jagdbeute der Ainu in den Tod. Das Erlegen der Tiere selbst stellt für die Ainu kein Problem dar. Es ist selbstverständlich und wird als ein Zurück-Senden in die *Kamui*-Welt verstanden. Auf diese Weise tragen die Ainu mit dazu bei, den Daseins-Zyklus der Natur aufrecht zu erhalten.

"Während wir tanzten, verließ meine Seele meinen Körper und ging fort", heißt es im *Yukar*. Aber was geht da genau fort? Die Seele, von den Ainu als *Ramat* bezeichnet, löst sich vom Körper, während dieser als leeres "Kleid" zurückbleibt. Durch die Zauberwirkung des Rausches kann das *Ramat* – einer schamanistischen Trancereise vergleichbar[17] – den Körper verlassen. Die Ainu billigen sogar ihren *Kamui* diese Trance-Zustände zu. Wunderschön im „Gesang der *Kamui* des Wassers" erzählt, treten hier die beiden *Kamui* ihre Trancereise zu den Vorratshäusern der verärgerten *Kamui* an, während diese vom Rausch des Festes besänftigt mit großem Vergnügen den tanzenden *Kamui*-Körpern zuschauen. Ihr *Ramat* kann ihre Verwandten aus den verborgenen "Vorratshäusern"[18] wieder zu den Menschen schicken, nachdem Petorush-mat, die *Kamui* des Fluss-Systems, den Ainu zuvor wichtige Lehren über das richtige Jagdverhalten erteilt hatte. Dann nämlich können die Jagdtiere, d.h. die *Kamui*, auch wieder heiter und glücklich heimkehren.

---

17   Das ist die Grundlage aller schamanistischen Reisen, die davon ausgehen, dass im veränderten Bewusstsein des Trance-Zustandes oder des Rausches die Seele den Körper verlassen kann.
18   Auch das ist ein mythisches Bild für die Ursache der Neuentstehung.

Begleitet wird die Szene von enormer Dankbarkeit für die großen Mengen an Reiswein und *Inau*, wobei die Konturen zwischen Ainu und *Kamui* verschwimmen, so dass man sie kaum noch voneinander trennen kann. Man erfährt einerseits, wie folgenschwer die falsche Behandlung der Jagdtiere sein kann und wie wichtig die Einhaltung der gegebenen Ordnung ist. Andererseits wird deutlich, dass Sake und *Inau* für die Erhaltung des Gleichgewichts zwischen Ainu und *Kamui* von existenzieller Bedeutung sind.

Interessant an diesem *Yukar* ist auch die Rolle der Eulen-*Kamui*, die hier zwar nicht viel agiert, doch in dieser prekären Situation der Hungersnot als Beschützerin der Menschen auftritt, was von dem Bedürfnis der Ainu zeugt, in friedlicher und achtsamer Verbindung zu ihrer Welt zu stehen. Auf meiner Reise besuchte ich das alte Heiligtum von Hanna-no-iwaya im Süden der Kinki-Halbinsel und war erstaunt, zwei Felsen aus den Bäumen herausragen zu sehen, die wie zwei hockende Eulenköpfe aussehen. Möglicherweise vergegenwärtigte sich hier, wo seit Jahrtausenden Ainu-Jäger lebten, die Eulen-*Kamui* als Schutzherrin der Menschen.

*Abb.19 Wie zwei Eulen hocken die beiden Felsen mit ihren großen Augen in der bewaldeten Felswand von Hanna-no-Iwaya*

Es wird Zeit über den Bären zu reden, den hoch verehrten *Kamui* der Berge, den König der Wildnis. Er ist das mächtigste Wesen der arktischen Lebenswelt. Die Jäger mussten all ihre Geschicklichkeit und ihren Mut aufwenden, um die Jagd auf den Bären erfolgreich führen zu können. Richtet er sich auf, so ist der Braunbär den Ainu an Stärke und Kraft bei weitem überlegen und wegen seiner Menschen ähnlichen Gestalt fordert er den Jägern höchsten Respekt ab. Er ist einer der wichtigsten Gottheiten der Ainu-Welt, obwohl bzw. weil er ihnen das größte Geschenk an Fleisch und Fell mitbringt. Er lebt oben in den Bergen, die "heilig" sind, weil sie sein Lebensraum sind; er ist der Schöpferahne der Ainu. Viele Jäger haben in diesen Kämpfen ihr Ansehen als hoch verehrte Bärenjäger erworben – oder aber ihr Leben verloren.

Wieder wird der aus heutiger Sicht seltsam anmutende Zusammenhang deutlich, der darin besteht, dass archaische Völker ihre mächtigsten Jagdtiere zur Gottheit erheben und sie doch gleichzeitig als Jagdwild regelmäßig töten. Möglicherweise war in diesem Kontext auch der geheimnisvolle Winterschlaf der Bären ein Kriterium für den hohen Stellenwert, den ihm alle zirkumpolaren Jägerkulturen eingeräumt haben,19 denn der Bär kommt als einer der ersten im Frühjahr mit einem Jungtier aus dem „saisonalen Tod" zurück. So bringt er Leben aus der Anderswelt mit, was ihn heiligt, da sein Ursprung damit in der Welt der *Kamui* liegt. Dem Bären, als dem mächtigsten Tier der Wildnis, gilt das so genannte *Lyomante*, das Bärenfest.

*Abb. 20 Ein junger Bär wird zum Absendeplatz geführt.*

---

19  Hallowell, 1926 hat eine umfangreiche Monographie dem Bär im zirkumpolaren Raum gewidmet

Das „Lied eines Bären", *Yukar* 9 in Philippis Sammlung, beschreibt den Tod und die Aufbahrung eines Bären aus dessen Blickwinkel. Es schildert seine Empfindungen und Beobachtungen und gibt dabei auch Auskunft über die Wirkung des von den Ainu verwendeten Aconit-Giftes, das sich dem Bären in der Gestalt des Fuchs-Kamui nähert. Der entscheidende Übergang vom Leben zum Tod, das Ablegen seiner Kleidung wie die Ainu vielleicht sagten, wird als eine Art Ohnmacht, als kurzer Schlaf skizziert, aus dem der Bär in seiner Parallelwelt wieder erwacht, um dann völlig emotionslos von dort aus das Geschehen weiter zu verfolgen. Das wiederum ist nun für das Verständnis des *Lyomante* sehr wichtig, denn es erklärt die Zusammenhänge um den Tod des Bären.

## Yukar 9: Lied eines Bären

### erzählt von Hiraga Etenoa[20]

Ich bin ein Berg-Kamui.
Meine angetraute Ehefrau
ist die
des ‚Schimmernden Fells'.
So sehr achte ich sie,
dass ich ihr
nicht einmal erlaube,
frisches Wasser zu holen
oder ein Feuer
zu entzünden.
Wir lebten immer so fort,
bis schließlich uns ein
kleines Baby
geboren wurde.

Und wir fuhren fort
so zu leben.
Dann, eines Tages dachte
ich bei mir:
"Wenn ich das Haus
verließe, wäre ich in Sorge
über Dinge, die in
meiner Abwesenheit
geschehen könnten.

Trotzdem wollte ich gehen
und den Kamui besuchen,
der die Unteren Himmel
regiert, denn er und ich
sind große Freunde."

Dann gab ich ihr mit dem
‚Schimmernden Fell',
meiner angetrauten Frau,
letzte Instruktionen.
Ich ging, dem Kamui, der
die Unteren Himmel
regiert,
einen Besuch abzustatten.
Nachdem ich

---

20 Hiraga Etenoa singt in der heute ausgestorbenen Ainu-Sprache, wobei der Refrain „Ho wei ho wei" von allen mitgesungen wird. Er ahmt in etwa das Brummen eines Bären nach, wodurch ein atmosphärisch dichter Vortrag entsteht.

den Wohnplatz des Kamui
erreicht hatte, der die
Unteren Himmel
beherrscht,
begannen wir eine
angenehme
Unterhaltung zu genießen
und wir blieben
Tag für Tag in dieser
Weise beschäftigt.

Als die Zeit verging,
war ich in Sorge
über die Dinge zu Hause
während
meiner Abwesenheit.
Der im Unteren Himmel
regierende Kamui
war so außerordentlich
gesprächig,
dass ich ganz unfähig war,
mein Vorhaben
auszuführen und
nach Hause zu gehen.

Dann plötzlich eines Tages
erschien Onkel Krähe,
pickte und kratzte
am Türpfosten
und sagte dies:
"O Berg-Kamui,
mächtigste Gottheit,
bist du in einem
solchen Maße blind?
Nachdem Du
fortgegangen bist,
beschloss sie mit dem
‚Schimmernden Fell',
deine angetraute Frau,
dass sie die Menschen
besuchen wollte.

Sie ließ ihr kleines Baby
zurück.
Sie verschloss
das Fenster und die Tür,
verzurrte sie
mit Lederriemen

und ließ es zurück.
Seitdem springt
das kleine Baby,
dein kleines Baby, an das
Fenster und die Tür,
und die Schreie seines
Weinens klingen laut.
Es fährt fort,
vor Kummer zu schreien
und Tag und Nacht
nach seiner lieben
Mutter zu rufen.
Kann es sein, Berg-Kamui,
dass Du so blind bist?"

Als ich hörte,
dass Onkel Krähe
diese Dinge sagte, geriet
ich in wahnsinnige Wut,
je mehr ich davon hörte.
Ich sprang auf,
vom Kopf des Feuerplatzes
sprang ich auf
und rannte zur Tür.
Mit dem Kopf zuerst
stieß ich durch die Tür.
Ich stürzte hinauf
mit Wirbeln von Wind
in meinen Ohren.

Ich sauste
in den Hof meines Hauses.
Das ist es,
was ich hörte. Im Haus
weinte mein kleines Baby,
es schrie mächtig. Dann
rannte ich zum Eingang.
Als ich versuchte
hineinzugehen,
war die Tür mit
Lederriemen zugebunden.
Ich schnitt
die Lederriemen durch,
erbrach die Tür
und ging hinein.

Mein kleines Baby
erschrak und weinte,

sprang und schrie.
Es sprang an das Fenster.
Gerade dann hastete
ich zu ihm. Nahm
mein kleines Baby warf es
auf meinen Rücken
und zog
die Trageriemen fest.

Danach ging ich raus,
entschlossen
runterzugehen
in ein menschliches Dorf
und das menschliche Dorf
zu verwüsten.

Danach stieg ich im Lauf
unseres Flusses runter
mit Wirbeln von Wind
in meinen Ohren.
Als ich so runterging,
kam der Leichtfüßige,
der Schnellfüßige (Fuchs)
von irgendwoher
angeschossen.
Er rannte herum in einiger
Entfernung von mir
und streckte
weit aus seinen Schwanz,
während er mich
bellend verhexte.

Plötzlich konnte man
hinter einem Baum
die Spitze eines Bogens
hervorgucken sehen.
Überglücklich
rannte ich ihm entgegen.
Ein hübscher kleiner Pfeil
quartierte sich ein
im Schenkel
meines Körpers.
Zwei junge Männer kamen
hinter dem Baum hervor
und rannten fort.
Ich begann sie
sogleich zu verfolgen.

Als ich weiter lief,
streckte der Leichtfüßige,
der Schnellfüßige
seinen Schwanz weit aus,
um mich
bellend zu behexen.

Er schlüpfte unter meinen
Rücken durch
und fuhr fort in Kreisen
um mich herum zu laufen.
Ich wurde wütend
und begann zu schreien
und den Leichtfüßigen,
den Schnellfüßigen
zu schlagen,
aber er schlüpfte durch
meine Hände.
Ich fuhr fort nach ihm
zu schlagen, aber verfehlte
ihn immer wieder.
Ich war unfähig,
ihn zu erwischen.

Als ich das eine Zeitlang
getan hatte,
sprang der Kamui des
Aconit-Giftes
hervor und sagte:

"Die Feuergöttin hat
mich gesandt
mit dieser Botschaft:
‚O mächtiger Kamui, bitte
komm' und erstatte mir
einen friedlichen Besuch
und lass uns treffen,
um eine
friedliche Unterhaltung
zu genießen!'
Ich soll kommen,
um Dir diese Botschaft der
Feuer-Kamui zu bringen."

Das sprach der
Kamui des Aconit-Giftes.
Aber ich fuhr fort
wild auszuschlagen.

Der Leichtfüßige, der
Schnellfüßige fuhr fort,
seinen Schwanz
weit auszustrecken
und mich bellend
zu verhexen, als er
in einiger Entfernung von
mir herumrannte und
näher und näher sprang.

Dann kam der
Resin-Kamui heraus.
Er und der Kamui des
Aconit-Giftes wirkten
zusammen und
umwickelten
meine Hinterschenkel
und meine Vorderschenkel
und fassten meine Hände.
Ich taumelte hin
und lag ausgestreckt
majestätisch
und "gottgleich".
Ich verlor
mein Bewusstsein
über das,
was sich dann ereignete.

Nach einer Weile des
Schlafes öffnete ich
die Augen, und das ist es,
was ich sah:
Ich saß
auf einem Baumstamm
mit seitwärts
herabhängenden
Armen und Beinen.
An diesem Punkt
erhielt ich
mein Bewusstsein wieder.

Unter mir lag ausgestreckt
ein großer
alter, männlicher Bär,
majestätisch
und "gottgleich".
Auf seinem Haupt spielte
ein kleines Bärenkind.

Dann kamen
diese jungen Männer
zurückgelaufen.
Sie flüsterten und sagten:
"Es scheint, als wäre
das ein wohlwollender
Kamui, aber welche
Bedeutung hatte
sein (wildes) Benehmen
jetzt gerade?"

Als sie dies
einander zuflüsterten,
verfolgten die Hunde
das Bärenkind,
aber die jungen Männer
schlugen sie lautstark fort
und die Hunde
rannten weg.
Dann hoben sie
das Bärenkind auf.

Sie begannen den Bär
zu schmücken
und ihm zu huldigen.
Dann schnitzten sie
Flügel ähnliche
Einschnitte
in einen Holzstock
mit angespitzten Enden.

Sie wurden neben dem
Bären aufgestellt.
Die jungen Männer
huldigten ihm,
indem sie die Hände
aneinander rieben
und sagten:

"Genießt ihr Kamui
zusammen
eure Unterhaltung.
Es ist schon dunkel
geworden jetzt
und da es zu spät ist,
den Bären zu bewegen,
werden wir ihn

jetzt verlassen.
Wenn der Morgen kommt,
kommen wir zurück.
Dann werden wir den
großen Kamui
runter ins Dorf bringen.
Wacht, ihr beiden
Gottheiten, übereinander!"

Während dies
gesagt wurde,
schnitten sie Holzstöcke
mit geschärften Enden,
stellten sie an den Seiten
des Bären auf
und huldigten ihm
mit dem Reiben
ihrer Hände.
Dann nahmen sie das
Bärenkind auf den Rücken
und stiegen ab
aus dem Gebirge.

Nachdem sie gegangen
waren, fragte ich mich,
warum sie
diese Stöcke machten
und sie hier ließen.
Ich fuhr fort
sie anzustarren.

Doch als ich
einen Moment
weg- und wieder hinsah,
hatte sich
ein Freudenfeuer
entzündet und brannte
an der Seite des Bären.
Ein junger Mann saß an
dem Feuer.
Er begann zu sprechen
und sagte diese Worte:

"O mächtiger Kamui,
komm´ herab
und lass uns
eine Unterhaltung
genießen."

Deshalb ging ich
herunter neben das Feuer
und wir verbanden uns in
freundlicher Unterhaltung.

Während wir uns
unterhielten,
hätten Vögel und
Dämonen kommen
können, um
das Fleisch stehlen.
Dann stand
der junge Mann auf
und lief
mit einer Klatsche
schlagend
um mich herum
hinter
den Kreaturen her,
die das Fleisch
stehlen wollten.
Damit fuhren wir fort, bis
schließlich
der Morgen kam.

Dann war das Feuer fort,
obwohl ich sicher war,
dass dort ein Feuer
gebrannt hatte.
Auch der junge Mann
war fort.
Da stand nur ein
Holzstock
mit geschärften Enden.

Dann ging ich
hoch auf den Baumstamm
und verweilte dort.
Dann hielten viele Leute
auf uns zu mit lautem
Geschrei.
Eine große Menge
von Leuten
kam des Weges.
Sie begannen
den Bären zu häuten.
Als sie fertig waren,

stiegen die Leute
ab aus dem Gebirge
und trugen das Fleisch
auf ihren Schultern.

Der Älteste
dieser zwei jungen Männer
trug den Kopf des Bären
mit dem Fell noch daran
auf seinem Rücken.
Ich sprang vom
Baumstamm herab auf
das Bündel des Mannes,
der den Kopf des Bären
trug.

Als ich das tat,
konnte er kaum laufen,
er hatte so eine schwere
Last. Ich stieg ab
von seinem Rücken
und lief an seiner Seite.

Wir stiegen ab,
bis wir zu
einem menschlichen Dorf,
einem sehr bevölkerten
Dorf, kamen.
Im Zentrum des Dorfes
stand majestätisch
ein riesengroßes Haus.
Ich wurde vor die Mitte
des Nusa-Zaunes gerade
östlich des Hauses gesetzt.

Nachdem ich dort
eine Weile gesessen hatte,
kam die Feuergöttin
auf einem krummen Stab,
einem großartigen Stab,
heraugehumpelt und
trug sechsfache Lagen
großartiger Stricke
unter ihrem Gürtel
und sechsfache Stricke
hingen lose herab.

"Ich danke Dir,

dass du gekommen bist,
mir einen friedlichen
Besuch abzustatten,
denn es ist genau das
Unternehmen,
für das es sich ziemt,
den mächtigen Kamui
zu preisen."

Indem sie das sprach,
kam sie heraus.
Ich wurde
nach drinnen geladen.
Ich ging hinein
und wurde unter
das heilige Fenster gesetzt.
Mein angetrautes Weib
war schon vor mir da.

Dann sammelten sich
Mengen von
jungen Männern
und jungen Frauen.
Diejenigen, die Klöße
machten,
liefen hierhin und dorthin.
Diejenigen, die Inau
schnitzten, spielten mit
ihren Schnitzmessern.

Sie fuhren fort Inau
zu machen, bis es jetzt
Zeit wurde für mich,
"heimgeschickt"
zu werden.

Mir wurden ein
Bündel von Inau gegeben
und ein Haufen
von Klößen
und ich ging hinaus.
Dann ging ich meines
Weges, bis ich zurück
kam zu meinem Haus.

Ich ging hinein.
Bevor ich ankam,
wurden die Haufen

von Klößen und Bündel
von Inau durch das
heilige Fenster gereicht.
Der Boden
am Kopf des Feuerplatzes
war gefüllt
mit vielen Klößen
und mit vielen Inau.

Danach blieb ich dort
für zwei oder drei Tage.
Dann kam sie mit dem
‚Schimmernden Fell',
mein angetrautes Weib,
kam zu mir.
Sie kam zurück, beladen
mit viel Wein, vielen Inau
und auch vielen Klößen.

Dann sandte ich
eine Botschaft
überall zu den Kamui,
die nahe bei wohnten,
und den Kamui,
die entfernt wohnten, und
lud sie ein zu einem Fest.
Die geladenen Gäste
wurden
mit großer Zeremonie
herein begleitet.
Dann begannen wir ein
herrliches Trinkgelage
zu feiern.

Mein angetrautes Weib
sagte diese Worte:

"So sehnsüchtig verlangte
ich nach menschlichem
Wein und
nach menschlichen Inau,
dass ich ging,
um die Menschen
zu besuchen.
Dann wurde
mein geliebter Mann böse,
kam wütend
in das menschliche Dorf.

Wo er solche wütenden
Dinge tat.
Doch so gewichtig, wie er
als Kamui auch war,
er wurde niedergeschlagen
auf die dunkle Erde.
Der Fuchs-Kamui
sorgte sich darüber,
und "verzauberte" dich,
mein geliebter Mann,
und dank dessen
wurde Dein Herz beruhigt.

Seitdem war ich besorgt,
du bekämst
zuerst Heimsendung.
Danach bat ich
die Menschen, unser
kleines Baby aufzuziehen.
Aber ich musste warten,
während der Wein
gebraut wurde,
und ich wurde vertröstet
in dieser Angelegenheit.

Deshalb kam ich
zu Dir zurück, zu meinem
geliebten Mann. Wir
halten nun dieses Bankett
für alle Kamui
mit Wein und Klößen.
Ich bitte Dich,
mein geliebter Mann,
strafe mich nicht!"

Mein angetrautes Weib
sprach diese Worte und
alle Kamui
schimpften mit mir.
Daraufhin machte ich
immer wieder
viele ehrende Gesten.
Dann gingen alle Kamui
ihren Dank
ausdrückend nach Hause.

Danach lebten wir weiter

ereignislos. Als einige Zeit
vergangen war, kam
unser liebes kleines Kind
zurück
von den Menschen,
viel Wein und viele Inau
auf dem Rücken
schleppend.

Wieder luden wir
die Kamui ein,
die in der Nähe wohnten,
und die Kamui,

die entfernt wohnten.
Die geladenen Gäste
wurden mit viel
Zeremonie hereingebeten.
Dann ging das
unvergleichliche Fest
großartig weiter.
Alle Kamui drückten
ihren Dank aus
und gingen nach Hause.

Diese Dinge wurden
von dem Berggott erzählt.

Die Sehnsucht nach Sake und *Inau* trieb die Bärin in die Menschenwelt. Ihr wütender Mann folgt ihr mit Rachegedanken, was für die Ainu nicht in Ordnung ist, weil die Bären gerne mitsamt Fleisch und Fell zu den Menschen kommen sollen. Der Bär ist plötzlich in der materiellen Welt, wird aber von einem Fuchs umlaufen, der in vielen Kulturen wegen seiner listenreichen Schläue als ein großer Verwandlungskünstler angesehen wird. (Vgl. Cooper 1986, 62) Verzaubert vom Fuchs, werden die Schenkel des Bären lahm und das Tier bricht zusammen; der Bär fällt in eine kurze Ohnmacht.

Viele Menschen tragen den gehäuteten und zerteilten Kadaver nun ins Dorf, wobei sein Gewicht nicht im Fleisch oder Fell, sondern in seinem *Ramat* steckt. Als das *Ramat* im Kopf des Bären – als Sitz seiner Seele – dem Träger auf den Rücken springt, bricht dieser fast zusammen, so dass das unsichtbare Bären-*Ramat* schließlich neben dem Mann herläuft. Im Hof des Jägers wird der Bär aufgebahrt, mit vielen *Inau* geschmückt und enormen Mengen von Reiswein und Klößen freudig willkommen geheißen.

Zunächst aber beschimpfen die geladenen *Kamui* den Heimkehrer, weil er wütend und mit Rachegedanken in die Welt der Menschen gerast ist, um auch den Ainu deutlich zu sagen, dass diese Verhaltensweisen falsch sind. Doch die herrlichen *Inau* und der viele Sake, die er und seine Frau bei ihrer Rückkehr mitbringen, besänftigen die *Kamui*. Die Bärin hatte zuvor schon ein schönes *Lyomante* bekommen, und alle *Kamui* konnten ausgelassen feiern, ihren Rausch genießen und in ihren Herzen die Sehnsucht nach der Menschenwelt entwickeln. Das Baby sollte auf Wunsch der Bärenmutter bei den Menschen aufgezogen werden, damit es ein *Lyomante* mit viel, viel Sake und *Inau* bekommen würde.

Wenn die *Kamui* dazu in der Lage sind, sich aus sich selbst heraus in eine gestalthafte Erscheinung zu bringen und sich ebenso auch wieder zurückverwandeln können, so ist da etwas im Bären, das aktiv wird. Der Bär, der in seiner Kamui-Welt in gleicher Weise denken kann wie in der Menschenwelt, der überhaupt nicht berührt wird vom Tod, ist nicht durch seine gestalthafte Erscheinung definiert. Es ist das Unsichtbare, ein innerer unwandelbarer Kern, der unbeschädigt und unversehrt nach einem Besuch in der Menschenwelt zurück in seine Heimat gehen kann. Die Ainu bezeichneten es als *Ramat*, als das wahre Wesen eines *Kamui*. Denn das innere Wesen und das äußere Kleid sind für sie etwas völlig Unterschiedliches.

Das *Ramat* ist eine Art "geistiger" Substanz, die wir vielleicht als Seele bezeichnen könnten, was aber dem komplexen Gemenge aus sichtbarer und unsichtbarer Realität, mit dem die Ainu operierten, nicht entspricht. Sie erklärten nämlich: „Was kein *Ramat* hat, hat gar nichts, *Ramat* ist alles erfüllend und unzerstörbar, *ramat* ist überall." (Munro 1962, 8) *Ramat* ist eine Art Lebensessenz, ein allem Geschaffenen innewohnendes kreatives Prinzip, das Menschen wie *Kamui* in gleicher Weise zur Verfügung steht und doch nicht nur Seele ist. Man könnte es als das Schöpferische bezeichnen, das allem Lebendigen innewohnende Wirkungspotenzial, das das Dasein durchströmt. Für die Ainu war es der Werdensdrang der Natur, die Seele und der Geist alles Lebendigen. *Ramat* lässt die *Kamui* in Tieren, Pflanzen, Landschaften oder Naturgewalten zu materieller Gestalt gelangen und bleibt völlig unverändert durch den körperlichen Tod.

Der Tod, den die Jäger den Tieren zufügen, verletzt sie nicht; er schmerzt für einen Moment und schon ist die Transformation vollzogen, die das *Ramat* aus der einengenden, materiellen Hülle seiner Tiergestalt befreit. Aus Sicht der Jäger wird das Töten zu einem religiösen Akt, da er die notwendige Voraussetzung zur Heimkehr in die Welt der *Kamui* ist. Die Befreiung des *Ramat* aus dem Gewand des Stofflichen, die rituelle, festliche Rücksendung in die heimatliche Welt der *Kamui*, das ist das *Lyomante*.

Abb. 21: Tanz auf dem mit Inau geschmückten Bärenkäfig vor dem Lyomante

## Das *Lyomante*

Auf diesem "religiösen" Hintergrund kann das *Lyomante* als das zentrale Ereignis im Jahreszyklus der Ainu beschrieben werden. Es ist die rituelle Tötung ihrer höchsten Gottheit, des Bären. Es ist ein Freundschaftsakt der Ainu für ihre Kamui, eine Art heiliger „Kommunion".

*Abb. 22 Ein junger Bär wird zum Heimsendeplatz geführt.*

Der junge Bär, der zwei Jahre lang mit Leckerbissen als höchster Gast im Haus eines Jägers verwöhnt wurde, wird in Gegenwart von Verwandten, Nachbarn und Gästen gemeinschaftlich von allen Ekashi getötet. Es ist eine religiöse Feier von existenzieller Wichtigkeit für die Ainu. Früher, so überliefern es alte Berichte, veranstaltete jede Familie einer *Itokpa* im Winter ein *Lyomante*. Der König der Berge wurde als ihr höchster Gast im Kreis festlich gekleideter Besucher und Zuschauer aus dem mit *Inau* geschmückten Käfig gezerrt, den die Männer und Frauen tanzend und singend umkreisten. An Stangen oder Seilen wurde er sodann in die Mitte des Festplatzes vor den Nusa gezogen und mit Aconit getränkten Pfeilen von den Jägern erschossen, gehäutet und ausgenommen. Im nächsten Schritt wurde sein Fellkleid mit *Inau* gefüllt und aufgebahrt, während der Kadaver durch das heilige Fenster in die Hütte gereicht wurde, wo ihn die Frauen zubereiteten, um den Bären bei einem großen Festmahl gemeinschaftlich zu verspeisen.

Das rituelle Töten des Bären kann als ein drei Tage währendes, herrliches Fest mit Tanz, Spiel, Heiterkeit, viel Sake und glücklichen Gemeinschaftserlebnissen beschrieben werden. Westliche Wissenschaftler sprechen dagegen von einem grausigen Bärenfest, von einem "Dialog mit der Wildnis". (Kaiser 1991, Titel) Doch tatsächlich ist das *Lyomante* viel mehr als ein brutales Ritual einer archaischen Gesellschaft. Es ist eine Ehrenbezeugung gegenüber dem Bären (oder auch einer Eule), deren Sterben als glücklicher, freudiger Heimgang gefeiert wurde.

*Abb. 23: Aufbahrung vor dem Nusa*

Die Wahrhaftigkeit und Richtigkeit ihres überlieferten Weltbildes war so ernsthaft und bedingungslos, dass die Ainu eigentlich keine Anteilnahme für das leidende Tier kannten. Auch die wenig artgerechte Haltung des Bären in einem engen Holzkäfig, wo er nur noch stumpfsinnig vor sich hinstarren konnte, war für die Ainu kein Thema. Sie versorgten den Bären mit bester Nahrung, indem sie ihm das gleiche zu fressen gaben, was sie selbst aßen, so dass der Bär bei der Rückkehr in seine Welt von der guten Menschenwelt berichteten konnte, in der er so reichlich versorgt worden war. Zentral war nicht der Akt des Tötens, sondern die feierliche Rückführung des Bären in die Parallelwelt, die die *Kamui* eben nur durch den Tod wieder erreichen konnten. Der Tod war die Transformation in die *Ramat*-Erscheinung eines *Kamui*. Das *Ramat*, so steht es auch im oben wiedergegebenen „Lied eines Bären", fühlt nichts – der Bär, von Fleisch und Fell entkleidet, nimmt nur die große Willkommensfreude in seiner *Kamui*-Welt wahr; er ist glücklich über die *Inau*, den Sake und die Klöße.

Die Ainu wussten ja, dass der Tod nur eine kurze Bewusstlosigkeit war, die der Bär wie einen Schlaf erlebte, bevor er beim Erwachen die Szene schon distanziert aus seiner Parallelwelt betrachten konnte. Die körperlichen Schmerzen wurden emotionslos und sachlich beobachtet, obwohl die Frauen, die den kleinen Bären liebevoll versorgt, teilweise sogar gesäugt hatten, oft traurig waren und beim Töten nicht zugegen waren.

Die Fröhlichkeit, Großzügigkeit und Generosität der Ainu bei diesem Fest steigerte die Sehnsucht die *Kamui* nach der Wiederkehr in die Menschenwelt. "Zwischen allen Gästen und Teilnehmern am *Lyomante* herrschten größte Liebe, Achtung und Übereinstimmung", notierte Pilsudski, als er Anfang des 20. Jahrhunderts an einem *Lyomante* auf Sachalin teilnehmen konnte. "Jeder versuchte den anderen in punkto Fürsorge und Gabenfülle für die *Kamui* noch zu übertreffen, denn sie sollten bei der Heimkehr in ihre Welt nur Gutes von den Menschen berichten." (Vgl. Pilsudski 1909, 41)

Abb. 24: *In aller Stille verabschieden sich die Ainu von der Seele des Bären, wenn sie seine Knochen an einsamer Stelle im Wald begraben.*

Nach drei Tagen wurden alle Knochen des Bären in einer stillen, ehrfürchtigen Prozession in die Berge, also in sein Reich, zurückgetragen und mit vielen *Inau*-Gaben beigesetzt. Diese rituelle Verabschiedung, der keine Gäste und Zuschauer beiwohnen durften, war für die Ainu der heiligste Moment dieses Festes: Bis jetzt war der Bär immer noch anwesend, sah und beobachtete die Ereignisse, nahm teil an dem Fest und freute sich an den Ehren, die ihm zuteil wurden. Nun aber wurde er entlassen und war wieder frei.

Das *Lyomante* war der Beitrag der Ainu zur Sicherung des Wildbestandes und der Fruchtbarkeit ihres Landes. Es diente dem Fortbestand des Lebens, der Existenz der Ainu überhaupt, und es sicherte das auf Harmonie und Achtung gegründete Verhältnis zwischen Ainu und *Kamui*. Noch 1984 bekam eine Fischeule in einem Museumsdorf ein spektakuläres *Lyomante*, das auch in Buchform dokumentiert wurde.21 Dieses *Lyomante* ist deshalb so bemerkenswert, weil die Eule im Unterschied zum Bären keine Jagdbeute für die Ainu war. Sie war immer ihre Beschützerin. Die tief empfundene Verehrung der Ainu für die Eule kommt in dem großen *Lyomante* zum Ausdruck, in dessen Verlauf sie getötet, aufgeschnitten und ausgenommen wurde, um ihr "Feder-Kleid" schließlich auf einem Gestell aufzubahren. Sie wurde mit *Inau* geschmückt wieder zurück in ihre Heimat gesandt, während hier Tröpfchen von Sake verspritzt wurden, die sich in der Parallelwelt der *Kamui* zu Unmengen von Sake vermehren sollten.

Der Fisch-Eulen-*Kamui* ist auch das uralte Heiligtum *Hana-no-Iwaya* auf der Kinki-Halbinsel gewidmet, von dem oben bereits die Rede war. (Abb. 19). Die große Felsenwand wurde vom Shinto als *Iwakura*-Stein22 vereinnahmt, der mit langen Reisstrohbändern und Shinto-Toren geschmückt die Heiligkeit dieses Ortes anzeigt, an den noch heute Japaner kommen, um hier niederzuknien und mit den *Kami* zu sprechen.

Als "Heimsendung der *Kamui*" von einem Absendeplatz aus kann das *Lyomante* bereits für eine fast unglaublich frühe Zeit belegt werden: In dem 2004 erschienenen Ausstellungskatalog "Zeit der Morgenröte" zur japanischen Frühzeit wird dokumentiert, dass Archäologen bei Ausgrabungen altsteinzeitlicher Siedlungsreste der Jomon-Jäger in Zentraljapan auf 15.000 Jahre alte Spuren von Absendeplätzen gestoßen sind: In den Molluskenhaufen lagen Überreste von Muschelschalen, Fischgräten, Abfälle von vielen anderen Meerestieren neben Bruchstücken von nicht mehr benötigten Werkzeugen. „Insbesondere anhand von Knochen und Geräten identifizierte man in Reihen angeordnete Köpfe von Delphinen, Wildschweinen und Bären, die vermuten lassen, dass hier ‚Absenderituale' abgehalten wurden. Man nimmt an, dass die Jomon-Jäger die gleichen Rituale pflegten wie die Ainu noch bis in jüngste Zeit hinein." (Okamura 2004, 39) Sie legten heilige Absendeplätze an, an denen sie Feuer entzündeten und die abzusendenden Dinge unter Gebeten verbrannten und verstreuten." (ebd.) Wobei von den Ainu bis in vorige Jahrhundert noch bezeugt ist, dass sie zerbrochene Töpfe und Werkzeug an Absendeplätzen „heimsandten". (Utagawa 1999, 256)

In dem Sinne manifestieren sich im *Lyomante* die religiösen Konturen einer uralten Weltanschauung der Fürsorge zwischen den Men-

---
21  Ich fand dieses reich bebilderte Buch in einem deutschen Antiquariat. Es hat keinen einzigen lateinischen Buchstaben; nur die Jahreszahl kann ich ermitteln.
22  Darauf gehe ich später noch ein.

schen und einer schöpferischen Welt. Dankbarkeit und Gegenseitigkeit erscheinen als Grundvoraussetzung des Daseins. Die 15.000 Jahre alten archäologischen Funde bestätigen, dass man schon in der Altsteinzeit auf den japanischen Inseln die Vorstellung von einer mit *Kamui* bevölkerten Parallelwelt entwickelt haben muss, denen die Menschen respektvoll zu begegnen hatten. Sie belegen einen bewussten, rituellen Umgang mit den Tieren, die den Ainu als Jagdbeute gedient haben.

Das aus heutiger Sicht grausam erscheinende *Lyomante* war für die Ainu ein Akt der Achtung und Dankbarkeit ihren *Kamui* gegenüber; es war die Gegenleistung für ihr Kommen; denn die *Kamui* kehrten, wie die *Yukar* erzählen, zurück in ihre Heimat. Das *Lyomante* trug zur Harmonie in der Welt der Jäger bei, die Tiere töten mussten, um zu leben. Die Ainu hatten damit ein "System gesellschaftlicher Solidarität zwischen Mensch und Natur" geschaffen, das es ihnen ermöglichte, in eine hochachtungsvolle und kooperative Beziehung zu den *Kamui* zu treten, die sich in ihrer Lebenswelt zur Gestalt brachten und sie versorgten. (Vgl. Philippi 1991, 10)

Für den Shinto, der sich mit der beginnenden Agrarwirtschaft entwickelt hatte, bestand keine Notwendigkeit mehr, sich mit dem Problem des Tötens auseinanderzusetzen und die Seelen der Kamui wieder zurück in ihre heimatliche Welt schicken zu müssen. Jetzt ernährte Reis die Bauern, wodurch das *Lyomante* überflüssig geworden war. Die Grundvorstellung aber, wonach die *Kami* alles Dasein mit ihrer Schöpfungskraft erfüllen und sich in allen nicht-menschlichen Wesen und Phänomenen der Natur zur Gestalt bringen, sie blieb bestehen. Sie bildet das religiöse Fundament der alten Naturreligion des Shinto.

# 3 Teil: Die Kami des Shinto

Das außerordentlich höfliche und rücksichtsvolle Verhalten der Japaner fällt uns Europäern auf, sobald wir Japaner kennenlernen oder nach Japan reisen. Ob ich auf dem Bahnsteig, im Flughafen, im Bus oder Zug neben Japanern stand, niemals wurde ich bedrängt. In den gewaltigen Rolltreppensystemen, ebenso wie im dichten Menschengedränge an den Bahnhöfen japanischer Metropolen geht alles ruhig und harmonisch zu, keiner benimmt sich laut oder fällt unangenehm auf. Öffentliche Gebäude, Kaufhäuser und selbst die gewerblichen Anlagen entlang den Bahnstrecken präsentieren sich sauber und aufgeräumt. Sauberkeit scheint ein Grundbedürfnis der Japaner zu sein. Auf westliche Besucher wirken Sauberkeit, distanzierte Rücksichtnahme und Uniformität der Japaner fast unwirklich. Dabei ist Japan kein diktatorischer Staat, der Ruhe und Ordnung etwa „von oben" verordnet hätte.

Auch in ihrem Privatleben wirken Japaner aus dem Blickwinkel des Europäers eher angepasst zurückhaltend und unterkühlt, so wie sie sich auch in der Literatur stets duldsam und unemotional verhalten, immer formell und höflich. Selbst die modischen, trendbewussten Teenager geben sich nicht aggressiv oder provozierend, sondern eher clownesk, bunt und originell. Bettler, Verwahrloste oder Obdachlose habe ich im Straßenbild überhaupt nicht entdecken können. Während meiner Reise bestätigte es sich vielfach, dass "die Harmonisierung aller Gegensätze ein Grundgesetz des japanischen Lebens ist." (Immoos 1996, 242)

Japaner behaupten gerne von sich, sie wären unreligiös. In einem monotheistischen Sinne sind sie das vielleicht auch. Sie folgen keinem allmächtigen Gott, stehen nicht vor Gottheiten, die sie führen und ihnen Gesetze und Ordnungen herabreichten. Sie streben auch keine geistige Verschmelzung mit einer Gottheit im Jenseits an. Doch wenn wir nicht mit monotheistischen Maßstäben messen, sondern Japan aus seiner Beziehung zu den *Kami* zu verstehen versuchen, dann werden wir eine tiefe Verbundenheit mit diesen abstrakten geistigen Wesen ausmachen, die Japan beseelen und das Leben der Menschen in Japan prägen.

"Entsprechend dem ´Weg der Kami`, d.h. dem Shinto, wird diese große Lebenskraft als *musubi*, Geist der universellen Zeugung, bezeichnet und alle Dinge im Universum – nicht nur die Menschen, sondern auch Land, Berge, Flüsse, Seen, Pflanzen und Tiere sind aus dieser Lebensquelle geboren." (Yabu 1992, 370) Die Ainu nannten diese universelle Lebenskraft, aus der ihre Welt hervortrat, *Ramat*. Aus dem *Ramat* wiederum brachten sich die *Kamui* in Tieren, Pflanzen, Bergen oder dem Feuer zur Gestalt. Im Shinto wird das *Ramat* zum *Kami*-Geist, aus dem sich das Sein erschafft, aus dem alle Erscheinungsformen der Natur, der Landschaft und Meere in Erscheinung treten.

## Der Schöpfungsmythos des Shinto und der Reis

Um etwa 200 v.Chr., mit der Einführung des Reisanbaus aus China, konnte sich die erste kaiserliche Dynastie etablieren. Geistiger Ausdruck dieser neuen Zeit ist das religiöse System des Shinto. Es wird heute als "indigenous faith of the japanese people" betrachtet, das zu einem Staats-Shintoismus mit großer Priesterschaft heranreifen und staatliche Formen einer hierarchischen Gesellschaftsordnung unter der Herrschaft eines Kaisers hervorbringen sollte. (Vgl. Ono 1962, 1)

Auf dem mythischen Fundament einer Herabstufung der himmlischen, unsichtbaren *Kamui* zu irdischen *Kami* konnte die Sonnengöttin Amaterasu schließlich eine starke staatliche Macht aufbauen. Sie verschob die Bedeutung der alten, unsichtbar in einer Parallelwelt lebenden *Kamui* zugunsten von *Kami*, die sich nun im Reis verkörperten. Denn mit Beginn des Reisanbaus und der damit einhergehenden Zentralisierung von Herrschaftsmacht nährte nun der Reis die Menschen, und nicht mehr das Jagdwild.Der Erde wurde dabei eine große religiöse Bedeutung als Leben spendende Kraft eingeräumt. Wie überall auf der Welt brachte die sesshafte Lebensweise soziale Probleme mit sich, in deren Folge sich neue Herrschaftsformen etablieren mussten. Die japanischen Bauern im Ursprungsland der Yamato-Dynastie auf der Kinki-Halbinsel gerieten in die Abhängigkeit von Fürstenhäusern, es kam zur Herausbildung bewaffneter Clans.

Die Jahrtausende alten Vorstellungen von unsichtbaren *Kamui*, die in wohlwollender Harmonie mit den Menschen leben und sich in Tieren wie Bäumen zur Gestalt bringen, um die Jäger zu ernähren, blieben jedoch auch nach dem Fortwandern der Ainu als Grundwahrheit bestehen. Sie wurden ganz selbstverständlich das geistig-religiöse Fundament des Shinto.

Wohl veränderten sich Bedeutung und Gewichtung der *Kamui* etwas – sie brachten sich nicht mehr im Jagdwild, sondern eben im Reis den Menschen zum Geschenk. Aber die religiöse Grundthese einer unsichtbaren Parallelwelt, aus der heraus sich die *Kami* in den Lebensformen der Natur zur Gestalt bringen, blieb fast unverändert erhalten.

So berichten die Schöpfungsmythen des Shinto jetzt im Gegensatz zu den *Yukar* der Ainu von Wutausbrüchen und Kämpfen verschiedener *Kami*. Sie spiegeln damit die kriegerische Anfangszeit des noch fast mythischen Yamato-Reiches und schildern, wie sich in einer über Generationen herabführenden Reihe die himmlischen *Kami* schließlich zu irdischen *Kami* transformierten. Aus ihrem Willen entstehen „die 14 Inseln und 40 Gottheiten Japans, die mit den Winden, den Flüssen, den Bergen und Feldern, der Ernte, dem Feuer, der Produktion und der Fruchtbarkeit in Beziehung stehen." (Takiguchi 2003, 75) Am Ende dieser Vorgänge beauftragte die Sonnengöttin Amaterasu ihren Enkel Niki-no-Kami mit der Bildung einer Regierung mit einem Kaiser an der Spitze .

Unverkennbar ist das Bemühen, die mythische Legitimation für ein göttliches Kaiserhaus zu finden, um zum einen Macht zu etablieren und zum anderen das kriegerische Chaos dieser Zeit in eine geordnete Herrschaft überführen zu können. Die mythischen Ereignisse handeln jetzt von den "rituellen, politischen und militärischen Aufgaben", die in der neuen Lebenswelt des Yamato-Reichs anstanden. (Vgl. Obyashi 1981, 13)

Weil er von Amaterasu abstammt, gilt nun der Kaiser als *Kami* und ist damit der einzige *Kami* in menschlicher Gestalt. Dadurch genießt der Tenno größte religiöse Ehrerbietung unter den Menschen. In der Folgezeit entwickelte sich eine straffe staatliche Ordnung mit hierarchischen Strukturen, um den wirtschaftlichen und sozialen Anforderungen des jungen Agrarstaates Rechnung zu tragen. Denn mit dem aufwändigen Reisanbau entstanden neue Besitzansprüche auf die kultivierten, großenteils schon terrassierten Ländereien, was zu heftigen Machtkämpfen der Adelshäuser untereinander führte.

Das Zusammenleben der Japaner wurde zur Disziplinierung ihres Verhaltens strenger Ordnung unterworfen ebenso wie die Aufwartung der *Kami* in den Shinto-Schreinen engen priesterlichen Ritualvorschriften folgen musste. Die Ordnung sei von den Ahnen herabgereicht und würden von den Kami erwartet. Seit Urzeiten nämlich nahmen die Ahnen einen hohen Stellenwert ein, da man sie als Hüter der Traditionen betrachtete, die den Lebenden Hilfe und Beistand aus der Anderswelt zukommen ließen. So lange die Menschen dem traditionellen Weg ihrer

*Kami* folgen, fühlen sich die „Japaner ständig von ihren Ahnen umgeben, die sie schützen und segnen."(Neumann 1999, 91)

Die *Kami* bilden auch im Shinto den Mittelpunkt aller staatlichen und spirituellen Ordnung. Nicht mehr in der Natur oder im Haus einer Ainu-Familie finden jetzt „die religiösen Rituale statt, die mit der bäuerlichen Lebensweise aufkamen, sondern bei den Shinto-Schreinen", also an den eigens für die *Kami* gebauten Kultstätten. (Vgl. Yabu 1992, 372) Außerdem war die den *Kami* gebührende Aufwartung nicht mehr die Verpflichtung eines jeden Hausvaters. Sie wurde vielmehr zur Hauptaufgabe einer elitären Priesterschaft und des göttlichen Kaisers. "Er wurde *'Sumara Mikoto'* genannt, reiner Herrscher, und man betrachtet ihn als *heilige* Existenz." (ebd. 374) Schließlich hatte die Sonnengöttin Amaterasu selbst die Kaiser-Herrschaft installiert, um die Riten zu einem strengen Ritualsystem zu formen, wodurch die unbedingte Einhaltung des richtigen Verhaltens den *Kami* gegenüber verbürgt werden konnte. Mangelnde Aufwartung oder die Vernachlässigung der *Kami* hätten schlechte Ernten, Unruhen oder Naturkatastrophen verursachen können.

Auch die militärischen Missionen des Kaiserhauses, dessen Macht immer auch auf den kaiserlichen Ahnen beruhte, waren durch einen *Kami*-Auftrag des Sturm- und Kriegsgottes Susano abgesichert. So hingen Erfolg oder Niederlage auch des neuen, agrarischen Staates immer noch vom Wohlwollen der *Kami* ab.

Im *Koijki*, den 712 n.Chr. verfassten "Aufzeichnungen alter Geschehnisse" und für den Shinto wichtigsten antiken Mythensammlung, heißt es dazu, dass die Sonnengöttin Amaterasu in alter Zeit ihrem Sohn Oshihomimi geweihte Reisähren gab und befahl, diese in Japan anzupflanzen und Reis zu essen. Nach anderer mythischer Lesart "wuchs Reis zusammen mit Hirse, Weizen und Bohnen in Japan aus dem Leichnam einer erschlagenen Gottheit." (Obayashi 1981, 52)

Dieses Bild kennen wir aus vielen frühbäuerlichen, neolithischen Kulturen: Während das Korn keimt, stirbt es, so dass die neue Pflanze aus dem „Leichnam" des Korns hervorzutreiben scheint. In der Zeitlosigkeit mythischer Bilder wachsen dann die Hauptnahrungspflanzen, der Weizen, der Reis, Datteln, Soja oder andere Existenz verleihende Nahrungspflanzen aus dem Leichnam göttlicher Wesen hervor. Die Menschen erklärten sich auf diese Weise die Leben bestimmenden Vegetationszyklen, die keinen Anfang und kein Ende haben, sondern jeweils beim zyklischen Durchgang durch das Nicht-Sein einen Schöpfungsimpuls erhalten. Damit erweist sich der Tod als mächtige (göttliche) Schöpfungskraft. (Vgl. Mahlstedt 2004, 61)

Im Kreislauf des Werdens und Vergehens führt der Weg immer wieder durch das Nicht-Sein, durch die Anderswelt, die bei den Ainu als Parallelwelt der *Kamui* gedacht wurde, im Shinto dann als die unsichtbare Sphäre der *Kami*, so dass im Shinto der Reis aus dem Leib der *Kami*-Gottheit wächst, die sich nun nicht mehr in Fleisch und Fell der Jagdtiere kleidet, um sich den Menschen als Geschenk darzubringen, sondern die Menschen mit der Fülle der Reispflanze ernährt.

In dieser gedanklichen Tradition steht nun der japanische Kaiser in seiner Kami-Qualiät; doch er muss nicht, wie in vorderorientalischen Religionen üblich, den Tod in irgendeinem symbolischen Ritualakt praktizieren. Im Shinto identifiziert sich der Tenno auf andere Weise mit dem Reis und der Fruchtbarkeit des Landes.

*Abb. 26 Dickes Shimenawa im Schrein von Shingu*

Das *Daijosai*, das „große Fest vom Kosten des neuen Reises", gilt als „die älteste und geheimnisvollste Zeremonie, durch die sich der Kaiser mit dem Geist der Reispflanze verbindet und die Macht gewinnt, selbst Fruchtbarkeit zu spenden." (Immoos 1996, 248) Er pflanzt symbolisch die ersten jungen Pflänzchen, probiert den ersten neuen Reis des Jahres. In diesem Punkt zeigen sich seine prähistorischen Wurzeln besonders deutlich: Der von der Sonnengöttin Amaterasu herabgereichte Reis, den sie den Japanern zu essen gebot, birgt aufgrund seines göttlichen Ursprungs in jedem Reiskorn ihren schöpferischen *Kami*-Geist. Der Reis, der vom Kaiser, als dem Mittler zwischen Menschen und Kami, gepflanzt und probiert wird, enthält den Geist der *Kami*. Er nährt die Japaner, die mit dem Reis ihre *Kami* essen, so wie einst die *Kamui* im Jagdwild der Ainu gegessen wurden.

So ist eines der höchsten Shinto-Heiligtümer, der Schrein von Izumo, auch dem Reisgott Inari gewidmet, dem *Kami* der Landwirtschaft. Unsichtbar wie die alten *Kamui*, ist Izumo in der Leere des Schreins gegenwärtig und zeigt damit seine nicht-physische Existenz an. Es gibt hier wie in allen Shinto-Schreinen kein Kultbild, keine Statue von ihm. Verkörpert er sich, so kleidet er sich in das "Gewand" der Reispflanze, ist er sichtbar im Reiskorn oder Reisfeld.

*Abb. 27 Eingang zum Schrein von Miwa mit der Reisstroh-Girlande im Torii*

In Erinnerung an den Schöpfungsmythos symbolisiert sich Inari im getrockneten Reisstroh, das zu Bündeln, Seilen oder Girlanden geformt wird und ein Kultsymbol des Shinto ist. Ob nun rot gestrichen oder aus Naturholz gebaut und schon ergraut, hängen Reisstroh-Girlanden als *Shimenawa* im Eingang aller Schreine. Sie zeigen die Anwesenheit der *Kami* an und verweisen auf ihren Leben spendenden Charakter. Gerade das Symbol der Reisstroh-Girlanden und Seile unterstreicht die pragmatische, niemals metaphysische Ausrichtung des Shinto, der immer abstrakt und doch gleichzeitig ganz diesseitig bleibt, indem er die geheimnisvollen Lebenskräfte des Daseins würdigt.

Shimenawa sind häufig zwischen die *Torii* gespannt, sie umkränzen einen *Iwakura*-Stein oder einen Zaun, sie sind um einen alten Baum geschlungen und machen einen Felsen, eine Höhle oder einen Wasserfall zu einem heiligen Raum. (Abb 28) Alle diese Plätze gelten als Aufenthaltsorte der *Kami*.

Die Reisstrohbänder, an denen aus Papier oder Metall geknickte *Gohei* hängen (Abb. 29), symbolisieren Reisähren, die im Wind wehen und herabhängen, sobald sie ausgereift sind. Sie mögen etwas Ähnliches zum Ausdruck bringen wie die *Inau* der Ainu. Und doch sie sind nicht länger Gaben, die die *Kamui* erfreuen sollen, sondern markieren jetzt die Anwesenheit der unsichtbaren *Kami* an einem bestimmten Ort. Es ist symptomatisch für den Shinto in seiner pragmatischen Diesseitsbezogenheit, dass er die Anwesenheit der *Kami* mit dem Reis anzeigt, der Japan ernährt.

*Abb. 28 Ein dickes Bündel von Shimenawa kennzeichnet die kleine Futami Felsengruppe in der Nähe von Ise als mythischen Wohnplatz der Kami.*

Aber auch das an dünnen, schnurähnlichen *Shimenawa* im Wind flatternde *Gohei* ist ein Menetekel für anwesende *Kami*. Im Miwa Schrein konnte ich beispielsweise ein aus rotem Papier gefaltetes *Gohei* kaufen, um es dort den *Kami* hinzustellen. Sowohl die Reisstrohbänder als auch das *Gohei* symbolisieren in der typischen schnörkellosen Schlichtheit des Shinto die Gegenwart der *Kami* und kommen vor allem dort zum Tragen, wo Naturphänomene wie alte Bäume, besondere Steine oder eine Felswand als mythischer Wohnorte der *Kami* markiert werden sollen,23 die ohne dieses Symbolzeichen – ähnlich wie das christliche Kreuz – nicht zu erkennen wäre.

*Abb 29 a) Gohei in einem kleinen Tabernakel in Schrein des Nara Jingu b)Gohei an einem vom Blitz getroffenen, abgestorbenen Baum im großen Schrein von Nikko*

---

23  „The gohei indicates the presence of the kami in the sanctuary." (Ono 1993, 24)

Während der Kontakt zu den *Kamui* bei den Ainu-Jägern die vorrangige Aufgabe jeder einzelnen Familie und ihres Ekashi war, werden in den Shinto-Schreinen die *Kami* von professionellen Priestern versorgt. Dabei wirken die Priesterschaft und die Mitglieder der kaiserlichen Familie in einem streng festgelegten Zeremoniell zusammen, um die notwendigen Verpflichtungen den *Kami* gegenüber zu erfüllen.

Mit Gründung des Yamato-Reiches wurde dies Aufgabe des Staates, um seinen Wohlstand und seine Prosperität zu sichern. Als Oberhaupt der japanischen Gesellschaft fungiert der Tenno nun als Bindeglied zwischen den *Kami* und den Menschen. Die Beziehung zu den *Kami* ist keine individuelle Angelegenheit, sie ist nicht auf den Einzelnen zugeschnitten; das Individuum geht auf in der Gemeinschaft und steht im Hintergrund, während die *Kami* ganz offiziell und formal von höchster staatlicher Stelle aus wahrgenommen und gewürdigt werden.

Bedauerlicherweise werden auch die *Kami* des Shinto in der europäischen Literatur vielfach mit "Gott" oder "Götter" übersetzt, was das Verständnis für ihre charakteristische Eigenart erschwert. Es wäre einfach, könnte man sie schlicht als Gottheiten oder Geistwesen beschreiben und damit in das gängige Muster abendländischer Schöpfergötter einreihen, denen die Menschen dienen und gehorchen müssen, damit sie metaphysisches Heil erringen. "Tatsächlich umfasst das Wort Kami ein weites Spektrum. Es reicht von geistigen Wesen bis zu einer Vielzahl geheimnisvoller, übernatürlicher Kräfte." (Littleton 2005, 24)

*Kami* sind das Objekt der Verehrung im Shinto; jener Religion – besser spricht man wohl von einer Weltanschauung –, von der William Woodard sagt, sie sei "der indigene Glaube der Japaner", der wegen seiner "seltsamen Symbolik, seinen exotischen Riten, Zeremonien und Festen sowie der mythischen Atmosphäre der Schreine" jedoch nur von wenigen erklärt werden könne. (Vgl. Ono 1962, IX) Ich habe schon an anderer Stelle darauf hingewiesen, dass die Shinto-Gelehrten die seltsame Symbolik und die teilweise archaischen Riten nicht als ein prähistorisches Erbe begreifen, dessen Verständnis wohl nur über die *Kami* selbst zu erlangen ist.

Die *Kamui* der Ainu-Jäger habe ich bereits ausführlich skizziert. Wie aber stellen sich die *Kami* des Shinto, die Geistwesen einer frühen agrarischen Welt dar?

Sie bleiben auch im Shinto unsichtbar und gestaltlos; sie agieren und verhalten sich wie menschliche Wesen in einer Parallelwelt, zu der kein Mensch Zutritt hat. Es gibt kein Abbild, kein Symbolbild von dieser Parallelwelt; doch sind sie wie für die Ainu immer auch noch gegenwärtig in der Natur und Landschaft Japans. Doch die *Kami* nehmen jetzt Wohnung in Schreinen; sie werden sesshaft, könnte man sagen und werden dort von Priestern in der Weise versorgt, dass man ihnen Essen darreicht, damit sie ihren wohlwollenden Blick darauf werfen, sich verehrt fühlen und anwesend bleiben.

Ich konnte in verschiedenen Schreinen die ritualisierte und mit Gebeten begleitete Darreichung der Speisen beobachten. Sie alle waren mit höchster Reinheit zubereitet worden und wurden, nachdem die *Kami* sie durch ihren Blick gesegnet hatten, von den Priestern gemeinsam gegessen. Diese rituelle Praxis steht nach meiner Ansicht in Verbindung mit den gemeinsamen Mahlzeiten am Herd der *Fushi-Kamui* in den Hütten der Ainu, die ihre Speisen mit den dort anwesenden *Kamui* teilten. Und wie einst die Hütten der Ainu werden auch die "leeren" Hallen und Honden der Shinto-Schreine sauber und rein gehalten, um die sakrale Atmosphäre nicht zu entweihen.

*Abb. 30 Prozession, bei der ein Schrein zu einem Wasserfall getragen wird, am dem die Kami anwesend sind.*

Immer noch gibt es keine Idolfiguren, Statuen oder Abbildungen in Shinto-Schreinen. Die *Kami* offenbaren ihre Gestaltlosigkeit in der Leere, die der Hauptraum (Honden) umfasst. Wenn sich die *Kami* sichtbar machen, dann bringen sie sich in Bäumen, in Tieren, Bergen oder jeder anderen Erscheinungsform der Natur zur Gestalt. *Kami* sind "in der wilden Natur und dem unbebauten Land, im Meer, in den Bergen, den Flüssen und Wald anwesend; jedes Gewässer, jeder Fluss, jeder Baum ist beseelt von einem Kami." (Gerlitz 1994, 185) Dabei kommt den Bergen im Shinto eine besondere Bedeutung zu. So berichtet der Religionswissenschaftler Gerlitz von einer alljährlichen Bergprozession am Mt. Iwaki, der durch seine besondere Lage inmitten grüner Reisfelder ein prädestinierter Götterberg sei. (Vgl.ebd.188) Der Mt.Iwaki ist ein Sitz der *Kami*, die hier im Feuer des Vulkans die alte *Fushi-Kamui* der Ainu-Jäger vergegenwärtigt.

*Kami* treten im Shinto noch klarer als bei den Ainu in ihren beiden Seins-Qualitäten auf: Zum einen nämlich in ihrem ätherischen geistigen Wirkungspotenzial, das sich bei den Ainu in allgegenwärtiger Unsichtbarkeit ausdrückte, während es sich im Shinto in der gefassten, umrahmten, oder umbauten Leere des Honden manifestiert. Zum anderen offenbaren sie sich jeweils sichtbar in den materiellen Formen der Natur. Der japanische Ethnologe Joseph Kitagawa, der intensiv mit den Ainu gearbeitet hat, konnte zwar die religiösen Ideen der Ainu im Shinto nicht wiedererkennen; er meinte aber, dass *Kami* der am meisten zweideutige Begriff aus dem Erbe der proto-japanischen Vorzeit sei: "*Kami* bezieht sich im Shinto nämlich einerseits auf eine unpersönliche Qualität und andererseits auf Wesen, die mit der *Kami*-Natur ausgestattet sind." (Kitagawa 1987, 84) Damit umreißt er sehr treffend die beiden Seins-Qualitäten der *Kami*, denn *Kami* umschreibt das Erschaffende ebenso wie das Geschaffene.

Sokyo Ono, einer der höchsten Priester Japans, Professor der Kokugakuin Universität und Vorsitzender der „Association of Shinto Shrines", spricht davon, dass alle Wesen *Kami*-Qualität (spirit) hätten, so dass in dem Sinne alle Wesen *Kami* genannt oder als potenzielle *Kami* verstanden werden könnten. "Obwohl der Shinto lehrt, dass Mitmenschen wie *Kami* zu verehren sind, werden sie doch nicht als *Kami* bezeichnet." Noblesse, Großzügigkeit und Schönheit sind dadurch Attribute der *Kami*, durch die die Dinge geheiligt werden. "Seit alter Zeit beschreibt *Kami* aber auch die Qualität des Wachsens, der Fruchtbarkeit und der Produktion, die Naturphänomene wie Wind und Gewitter, natürliche Objekte wie Sonne, Berge, Flüsse, Bäume und Felsen, verschiedene Tiere und Ahnen-Geister. Man betrachtet die *Kami* als Hüter des Landes, seiner Bewohner und ihrer kreativen Fähigkeiten." (Ono 1962, 6f.)

Die ganze Komplexität der *Kami* kommt in dieser Erklärung zum Ausdruck. *Kami* als Objekt der Verehrung verkörpern das gewaltige Schöpfungspotenzial, das unsichtbar in allem Lebendigen wirkt – die Ainu sprachen an der Stelle von *Ramat*, das nicht nur der Natur, sondern – erstaunlicherweise – in diesem Konzept auch den Menschen als kreatives Potenzial zur Verfügung steht. Sie „wissen", wie sie dem Kami helfen können, gestalten sich ein geordnetes Miteinander, bauen Häuser, Tempel, Brücken, entwickeln Sinn für Schönheit und Reinheit, die die *Kami* ebenso lieben wie sie selber. So kann die Schönheit einer Tuschezeichnung, einer Kirschblüte, eines Berges oder eines strahlenden Sonnenaufgangs Ausdruck dieser wunderbaren Schöpfungskraft sein. "Das *Kami*-Konzept von heute", sagt Ono, "impliziert das Grundprinzip, dass die *Kami* harmonisch in Kooperation mit anderen funktionieren und sich am Augenschein der Harmonie und Kooperation in der Welt erfreuen." (ebd.7)

Als einen wichtigen Schlüssel zum Verständnis auch des heutigen Japans möchte ich hervorheben, dass Ono davon spricht, dass sich die *Kami* über die Kooperation mit den Menschen freuen, dass sie sich erfreuen an der Harmonie in der Welt. Obwohl das heute fast anachronistisch wirkt, ist da doch immer noch die Verbindung zu den Ainu sichtbar, für die die Prosperität des Landes, das Wohlergehen der Menschen nur auf der Harmonie mit den *Kami* fußen konnte. Obwohl sich die *Kami* pragmatisch in allen Formen der Natur verorten, können sie sich in ihrer geistigen Seins-Qualität auch am harmonischen Frieden mit den Menschen erfreuen.

*Kami* sind, wie aus Onos Kommentar deutlich wird, heutzutage eher eine Geisteshaltung und nur im rituellen Kontext auch noch archaische Wesenheiten. Die harmonische Kooperation mit den Menschen erhöht, wie Ono meint, die Freude und Lust der *Kami*, sich in der Welt zu erschaffen. Achtung und Rücksichtnahme der Menschen aktivieren die Gestaltungsenergie der *Kami*, die damit zu den schöpferischen Elementen japanischer Wirklichkeit werden, so wie sie auch die menschliche Kreativität beflügeln.

Denn konsequenterweise sind dann auch die technischen und kulturellen Werke und Leistungen der Menschen *Kami*. Entstanden aus dem kreativen Potenzial der Welt, dem *Ramat*, das *Kami* und Menschen zur Verfügung steht, sind dann auch diese Werke heilig. Während sich das Gestaltungspotenzial der Kami in Wäldern und Bergen, in Tieren oder in der Reinheit der lebendigen Natur offenbart, kommt menschliche Kreativität in Jagdtechniken oder im Reisanbau, in Kunst und Theater oder in technischen Innovationen zum Ausdruck. Ich habe vor Jahren ein Bild in der Zeitung gesehen, auf dem ein Shinto-Priester einen Jagdbomber der japanischen Armee gesegnet hat. Verherrlichen die Japaner wirklich so unverblümt ihre Kriegslust, dachte ich damals unangenehm berührt? Heute bin ich der Ansicht, dass sie die technische Leistung menschlicher Kreativität in dem Flugzeug würdigen wollten.

Der schöpferische *Kami*-Geist ist so lange wirksam, wie Respekt und Achtung herrschen zwischen Menschen und *Kami*. Sie können aber ebenso Not und Unbill, Krankheit, Zerstörung und Tod über Japan bringen, wenn Aggression, Missachtung und Rücksichtslosigkeit sich ausbreiten. Das „wissen" die Japaner seit Urzeiten, so dass Rücksicht, Freundlichkeit und Bescheidenheit zu festen Bestandteilen ihres Wesens wurden. Sie bezeugen ganz selbstverständlich den *Kami* wie den Mitmenschen Respekt und Achtung als Voraussetzung für ein harmonisches Miteinander: "Shinto is both, a personal faith in the kami and a communal way of life according to the mind of the kami." (Ono 1962, 3)

Im Unterschied zu den abendländischen Religionen gibt es im Shinto keine Zwiesprache mit Gott oder einen Gottesdienst. Die Japaner besuchen die Schreine, um sich vor den *Kami* zu verneigen, ihnen ihre Referenz zu erweisen, damit diese sich über ihre Aufwartung freuen. Keinem Japaner käme es in den Sinn, die *Kami* bei seinen persönlichen Problemen und Ängsten um Hilfe zu bitten. Die *Kami* stehen nicht einzelnen Menschen zur Verfügung, sie sind vielmehr Teil des japanischen Daseins.

**Die Shinto-Schreine**

Shinto-Schreine sind keine Orte der Anbetung. Hier machen die Japaner den *Kami* ihre Aufwartung. Man spricht vom Schrein, wenn man die Organisation und Verwaltung eines Shinto-Heiligtums meint, wie etwa das Staatsheiligtum von Ise, den großen Meiji-Tempel in Tokyo oder die Schreine in Kyoto, in denen eine große Priesterschaft die streng festgelegte Abfolge ritueller Handlungen für die *Kami* übernimmt. Die Schrein-Anlagen umschließen meist ein größeres Areal mit einzelnen Hütten, Hallen und solitären Bäumen darin, die von einem sorgfältig gebauten Holzzaun umgeben sind, um sie als heiligen Raum von der profanen Welt zu trennen.

Sie bestehen aus mehreren einzelnen Holzgebäuden, Plätzen, Hallen, Tabernakeln und Zäunen, was an die Höfe der Ainu erinnert, die für jede „Funktion" eine spezielle Hütte bauten, wobei die *Kamui* in der größten Satteldachhütte anwesend waren. Die teilweise mehrfachen Zäune sind aus edelstem Holz gebaut, worin ich eine Reminiszenz an *Shiramba-Kamui*, den Erhalter der Welt bei den Ainu, erkenne, der sich im Holz zur Gestalt gebracht hat. Seine Wälder und alten Bäume heiligen und beschützen heute nicht nur die Schreine, sondern ganz Japan. Auf meiner Reise waren mir die gepflegten Wälder aufgefallen, die den felsige Rücken Japans bedecken. Sie sind den Japanern so heilig, dass der Staat Holz einführt, um ihren Bestand zu schützen. In den Zäunen – auch wenn sich ihre Funktion verschoben hat – scheint sich die Idee der heiligen Nusa-Zäune zu tradieren, die jetzt im Shinto den heiligen Wohnort der *Kami* umschließen.

Die einstöckigen Hallen des Schreins strahlen eine große architektonische Harmonie und Schönheit aus. Sie beruht auf einer konstruktiven Klarheit, mit der jede Ecke, jede Verbindung und jedes Detail zu einem Kunsthandwerk gestaltet worden ist. Die geschwungenen Dächer, die vergoldeten Firstbalken, die rot gestrichenen Ständer, die Treppen, Umgänge und Hallen erfahren durch ihre schlichte Gestaltung noch eine Aufwertung. In stiller Glaubensgewissheit sind die *Kami* hier anwesend; sie fühlen sich so wohl, dass sie permanent hier bleiben.

*Abb. 31 Shinto-Schrein von Shingu mit seinen offenen Hallen und Ampeln*

Im Zentrum des Shinto-Schrein-Komplexes befinden sich der leere offene *Honden*, die Haupthalle des Schrein und die Schatzhäuser mit den *Shintai*, den heiligen Gegenständen, denen die "*Kami* anhaften; das kann ein Spiegel, ein Schwert, ein Stein oder ähnliches sein." (Obayashi 1981, 135) Schöpfungskraft gerinnt in ihnen zu permanenter Gegenwart, denn es sind Gegenstände aus den Ursprungsmythen um Izagami und Izanami. Der *Honden* ist das Herzstück des Schreins und damit der eigentliche Ort der *Kami*; hier manifestieren sie sich in der Gestaltlosigkeit ihres Wesens, bringen sich in ihrer Unsichtbarkeit zur Erscheinung und werden von den Priestern versorgt. Die *Shintai* hingegen, die zu jedem Schrein gehören, bleiben in einem Tabernakel oder *Naos* verborgen, um sie durch die Blicke der Menschen nicht zu verunreinigen oder zu entweihen. Denn das Heilige ist immer auch das Geheime, das Verborgene.

Abb. 32 Dächer des Ise-Schreins, in dem sich die Shintai befinden, die „heiligen Gegenstände, denen die Kami anhaften". Das Areal ist so heilig, dass es mit doppelten Holzzäunen umzogen wurde, um die Kami vor den verunreinigenden Blicken der Menschen zu schützen.

Shinto-Schreine sind keine Orte menschlicher Erbauung, keine Tempel, in denen Menschen Gehör oder Hilfe für ihre Nöte finden; es sind Plätze für die *Kami*, Orte ihrer "göttlichen" Gegenwart. Indem der Pilger oder Besucher an einer Glocke zieht und mit dem Klang einer in den Opferkasten geworfenen Münze auf sich aufmerksam macht, zeigt er den *Kami*, dass er da ist. Er erwartet weder Rat, Trost noch Hilfe von ihnen, sondern erweist den *Kami* seine Aufmerksamkeit. "Als Besucher betritt man überhaupt keine Gebäude im Schrein; man bleibt vor der Halle stehen, die dem Allerheiligsten vorgelagert ist, wirft eine Münze in den Opferkasten, verbeugt sich, klatscht zweimal in die Hände, verbeugt sich noch zweimal – Schluss." (Obayashi 1981, 49) Auch anlässlich der verschiedenen *Matsuri*, den großen, saisonalen Shinto-Festen, bei denen Tausende von Japanern die Schreine besuchen, entsteht keine emotionale Verklärung oder religiöse Hingabe, sondern eher eine gelassene, stille Bereitschaft, die *Kami* zu besuchen, ihnen Freude zu bereiten und sie mit der freudigen Anwesenheit der Menschen zu erfreuen. (Abb.33)

Abb. 33 Zeichnung vom New Years Day im Meji-Schrein in Tokio nach ei
 nem Foto von Ono (1962, 20) aus den fünfziger Jahren.

Ist das es nicht der gleiche Gedanke, der auch dem *Lyomante* der Ainu zu Grunde liegt? Mit Fröhlichkeit, *Inau* und viel Sake, mit Spielen und Tänzen sollten die *Kamui* in ihrer Parallelwelt erfreut werden, damit sie wieder Lust und Sehnsucht bekämen, in die Welt der Menschen zu gelangen und ihnen Nahrung zu bringen. Der Besuch der Japaner im Shinto-Schrein hat die ursprünglich konkrete Feier zu einer Art symbolischen Freude abstrahiert. Die Japaner scheinen den Besuch im Schrein als zum Dasein gehörig, aber auch als angenehm und schön zu erachten.

Pilger flanieren an den Hallen vorbei, halten einen kleinen Moment vor dem *Honden* oder den verborgenen *Shintai* inne, um sich still und ehrerbietig zu verneigen und stehen dann wieder im Strom der Menschen. In Kombination mit dem Buddhismus öffnen sich häufig rote Türen zu bunten, farbenfrohen Tempelräumen voller Statuen und Boddistva-Figuren. Dort, wo Shinto und Buddhismus sich in einer Kultstätte vereinigen, überspannen rot gestrichene Torii die Eingangspforte, und rote Farbe beherrscht die Szene. Die mit Kieseln bedeckten Wege werden von den Priestern täglich wieder frisch geharkt, damit keine Unordnung die Reinheit ihres Schreines stört. Die bunten, im Herbst herabfallenden Blätter aber bleiben als Ausdruck natürlicher Schönheit liegen, weil sie die *Kami* erfreuen.

Abb. 34 Szene im Schrein, bei der ein Baby von der Mutter in einem speziellen Umhang getragen und den Kami gezeigt wird, damit der Kami-Blick sein Leben segnet.

Die Organisation der Matsuri-Feste obliegt ebenso wie die alltägliche Aufwartung der *Kami* professionellen Priestern, deren Ausbildung an einem der großen Schreine erfolgt. Die größtenteils verheirateten Priester und Priesterinnen üben neben dem Dienst am Schrein fast alle auch einen bürgerlichen Beruf aus. Sie kommen mit ihrem Dienst am Schrein weit mehr einer sozialen Verpflichtung den *Kami* gegenüber nach und streben weniger religiöse Vervollkommnung für sich selber an. Angesichts des "Desinteresse des Shinto an metaphysischer Spekulation" und "seiner grundsätzlichen Diesseitsbezogenheit" handelt es sich bei den Aufgaben der Priester um notwendige Dienste zum Wohle Japans. (Vgl. Lokowandt 1980, 49) Der Shinto-Schrein stellt sich als Zentrum fürsorglicher Betreuung der *Kami*, als Ort der korrekten Ausführung aller erforderlichen Rituale und religiösen Feiern zu

Ehren der *Kami* dar, die Japans inneren und äußeren Glanz ausmachen.

Abb. 35 Haragushi im Honden eines Shinto-Schreins mit einem runden Spiegel im Hintergrund  b) Inau im Nusa der Ainu

Im Schrein von Nara beobachtete ich eine kurze Zeremonie, in der junge Eltern ihr Baby den *Kami* vorstellen: In Begleitung ihrer Familie treten Mutter und Kind in einen speziellen Umhang gehüllt ( Abb.34) in den *Honden*. Der Priester verwendet einen mit Papierstreifen behangenen *Haraigushi*, um sie zunächst zu reinigen, damit die *Kami* einen wohlwollenden Blick auf das Baby werfen. Es ist nur ein kurzer Moment, in dem es die Kami „schauen", aber dieses Ritual bedeutet Glück für die ganze Lebensreise des Kindes. Diese *Haraigushi*-Wedel erinnern stark an die *Inau* der Ainu (vgl. Abb.35). Sie besaßen magische Kraft, weil sie in den *Kamui* den Wunsch entzündeten, sich wieder zu materialisieren. Im Shinto ist ihnen nur noch die Kraft der Reinigung geblieben. Sie wird Voraussetzung für die Begegnung mit den *Kami*, denen in dieser Zeremonie das neugeborene Menschenkind vorgestellt wird.

Reinheit als ein Aspekt der Schönheit ist von großer Bedeutung für die *Kami*, die von Unordnung, Schmutz und Achtlosigkeit abgestoßen werden. Heute findet man in jedem Gäste- oder Privathaus eine wenn auch nur kleine Nische, in der beispielsweise eine feine Keramikschale steht. Dort sind die *Kami* des Hauses anwesend, ohne dass man ihnen Gaben hinstellen würde. Die *Kami* sind selbstverständliche Mitbewohner und ihnen gebührt ein kleiner ehrenvoller Platz, der rein und sauber ist. Hier können sich die *Kami* in der Schönheit eines kleinen Kunstwerkes verkörpern.

Abb. 36 .*Schrein an einer Straßenecke in Iwaki mit einem roten Torii, einem Iwakura-Stein rechts und ein Lochstein links in der vorderen Ecke*

Es ist die unwandelbare Ordnung des Daseins, das Einverständnis mit den *Kami*, das die Harmonie Japans verbürgt. "Die religiöse Kraft des Shinto bildet das Wahrnehmen des Heiligen als eine allen Wesen und Dingen innewohnende Schöpfungspotenz, die auch heute noch in ihrer ursprünglichen Form als Erlebnis gestaltlosen Wirkens existiert", formuliert Rosenkranz im Geist damaliger Zeit.(Rosenkranz 1944, 49) Aber er bringt damit die Idee einer sich selbst zur Gestalt bringende Energie zum Ausdruck, die sich in den Kami offenbart.

*Abb. 37a Der Lochstein in der linken Ecke des Iwaki-Schreins b) Ampel mit dem Loch, dass die Leere umfasst*

Häufig entdeckt man die kleinen Shinto-Schreine auch an einer Straßenecke (Abb.36). Besonders ins Auge gefallen ist mir ein kleiner Straßenschrein in Iwaki, weil sich dort die *Kami* in einem archaischen Stein mit einem runden Loch manifestieren, in dem ein kreisrunder Wasserspiegel glänzte. In der Symbolik des runden Steins offenbart sich nicht nur ein Bild der Leere, des Nicht-Seins, sondern auch der Ursprung des Lebens: Der alles in sich einschließende Kreis kündet von der Einheit der sichtbaren und unsichtbaren Welt. (Vgl. Mahlstedt 2004, 114f.) In fast jedem Shinto-Schrein wird man einen runden, oft nur kleinen Spiegel finden, der diese schöpferische Leere im Urprungssymbol eines heiligen Kreises oder einer leuchtenden Scheibe[24] zur Erscheinung bringt.

---

24  In anderen Kulturen erscheint diese heilige Scheibe als Schale, Ring oder Halbkreis und kann in dem Begriff Sphäora zusammengefasst werden. (Vgl. Mahlstedt 2004, 118)

Abb. 38 Im Honden eines Schreines manifestieren sich die anwesenden Kami in einem runden Spiegel über einem Haragushi.

Zu allen Shinto-Kultstätten, ob es sich um die großen Schreine oder alte Naturheiligtümer handelt, gehören die Torii. Manchmal sieht man ein Torii am Fuße eines Hügels oder an einer alten Steintreppe; es überspannt den Eingang zum Park in Ise (Abb.39a) oder ragt aus dem Wasser einer Bucht. Torii markieren manchmal auch nur einen wunderbaren Ausblick, der die Schönheit der Natur als Offenbarung der *Kami* würdigt. Die alte Stadt Miwa mit dem Heiligen Berg wird noch heute von einem so gewaltigen alten Torii überspannt, dass sich unter ihm inzwischen sogar eine Tankstelle angesiedelt hat.

Abb. 39a Torii am Eingang zum Ise-Schrein. b Torii am Aufgang zum Gobiki-Fels von Kamikura

## Naturheiligtümer des Shinto

Wie überall auf der Welt wurden auch in Japan neue Kultstätten neben die alten gebaut, um deren spirituelle Energie zu erhalten. Und so ist es vor allem der Pilgerweg von Kuma-no, der Weg des Bären, denn *kuma* ist der Bär, auf der Südspitze der Kinki-Halbinsel, an dem entlang eine Reihe beeindruckender Naturheiligtümer liegen. Zu dem *Kami*-Platz von Kamikura bei Shingu steigt man über eine krumme Naturstein-Treppe hinauf, die am Fuße des Berges unter einem roten Torii beginnt. Der sehr steile Weg führt auf den Felsenvorsprung, auf dem eine gewaltige Steinkugel in delikatem Gleichgewicht auf der Schulter des Bärenfelsens über dem Abgrund ruht. Ein dickes Reisstrohseil mit *Gohei* daran umkränzt den mächtigen Felsbrocken (Abb. 40), an den sich ein kleiner rot gestrichener Schrein schmiegt. Natur- und Menschenwerk stehen in einem wunderbaren Einklang, denn das

Rot unterstreicht den Eindruck dieses geheimnisvollen Ortes auf eine harmonische und ruhige Weise.

Abb. 40 Gobiki-Stein und der kleine rote Schrein, der sich an ihn schmiegt.

Mit der Einführung des Buddhismus aus Korea etwa im 6. Jh. wurde der Bau von Schreinen auch in Japan üblich, so dass in der Nähe von heiligen Naturplätzen Shinto-Schreine gebaut wurden, deren Bäume, Iwakura-Steine oder Felsen dann von *Shimenawa* und *Gohei* umkränzt und als alte Aufenthaltsorte der *Kami* gekennzeichnet wurden. (Vgl. Obayashi 1981, 19) In Shingu leuchtet beispielsweise der neue, einen Kilometer vom Fuße der Felswand entfernt gelegene Schrein mit seinen orangeroten und türkisen Säulen besonders bunt (vgl. Abb.26), während die riesige Gobiki-Steinkugel eindrucksvoll die archaische Stille dieses verborgen zwischen Bäumen gelegenen Heiligtums unterstreicht.

Vor dem Felsen entdeckte ich zu meiner großen Verblüffung tiefe, verwitterte Ritzspuren, bei denen es sich vermutlich um alte kultische Berührungsspuren handelt. Mit dem Kratzen oder Ritzen sollten – wie das weltweit von vielen neolithischen Felsbildern bezeugt ist – wahrscheinlich die im Stein ruhenden *Kamui* geweckt werden.(Mahlstedt 2004, 85ff.) Denn in der Vorstellungswelt der Bauern machten sie in den leblosen Steinen (ähnlich den Bären) einen Winterschlaf und mussten erweckt werden, um sich in der Natur wieder zur Gestalt zu bringen.

Mit der bäuerlichen Lebensweise rückte der Vegetationskreislauf in den Vordergrund, der mit dem Winter das Leben alljährlich durch den Tod bzw. durch das gestaltlose Nicht-Sein führt. Der Stein steht für diese leblose Zeit und wird damit zum Symbol jener schöpferischen Kräfte, die in dieser zyklischen Phase unsichtbar im Nicht-Sein wirken. (Mahlstedt 2004, 65) Wie einst die Jäger, so werden selbstverständlich auch die frühen Reisbauern an der Wiederkehr des Lebens mitgewirkt haben: Durch Klopfen und Ritzen des Steines wollten sie die in ihm schlafenden *Kami* wecken. Der zyklische Durchgang durch den Tod wird zur Schöpfungsphase und der Stein zu einem Ort höchster Schöpfungsintensität, die aber von den Menschen aktiviert werden muss.

*Abb. 41 Ritzspuren auf dem Felsen vor der Gobiki-Fels-Kugel.*

Wenn der heutige Besucher eines Shinto-Schreins sich durch zweimaliges Händeklatschen kurz bemerkbar macht, so kann dieses Ritual möglicherweise in seinen Ursprüngen auf das Erwecken bzw. Rufen der *Kami* zurückgeführt werden. Diese brachten sich nur in einer bestimmter Zeit zur Gestalt: Im Herbst zogen sich in zyklischer Ordnung zurück in eine schöpferische Phase des Nicht-Seins, aus der heraus sich Toyouke no kami, die Reis- und Getreidegöttin, im Frühjahr wieder zu neuem Leben hervorbringen konnte.

Abb. 42 *In der Nische hinter dem Gobiki-Felsen legte ein alter Japaner einen frischen Sakaki-Zweig nieder*

Hinter der Gobiki-Kugel bildet sich aus weiteren Steinkolossen eine natürliche Nische, die von *Shimenawa* und *Gohei* überspannt wird und sorgfältig mit Kieseln ausgelegt ist. In der Mitte kündet ein aufrechter kleiner Stein von der Besonderheit dieses heiligen Ortes. Während ich die spezielle Atmosphäre dieses Ortes unter den großen Bäumen und Steinen noch auf mich wirken ließ, kam ein alter Japaner herauf, verneigte sich still und zurückgenommen vor der Nische und legte ehrerbietig einen frischen Sakaki-Zweig nieder. Viele Japaner, so versicherte mir der Tai Chi-Lehrer und Zen-Meister Kominawa, der mich bei meinem Besuch in Kumano begleitete, steigen heute noch zur Begrüßung des Tages hier hinauf und erweisen den *Kami* ihre Referenz.

In langen Gesprächen mit Herrn Kominawa über die Philosophie des Shinto bekam die Shinto-Mythologie einen universellen Charakter.

So stellt sich das Urpaar Izagami und Izamani als die atomare Phase dar, in der noch alles im gestaltlosen Zustand der Leere verharrt, bevor die beiden Schöpferahnen "das Werden einleiten", wie es Kominawa formulierte. Der Schöpfungsmythos, in dem das Urpaar mit Lanze und Speer das noch ungestaltete Chaos rührt und daraus die japanischen Inseln ins Sein bringt, sei ein Bild für die kreative Kraft der Bewegung, die Menschen wie Kami in gleicher Weise zur Verfügung stehe. "Wir Menschen", meint Kominawa, "vermengen Himmel und Erde zu Sein, mischen kreativ Energie und Materie zusammen und bringen damit die Dinge hervor." Der Mensch stehe in der Mitte zwischen Himmel und Erde, verbinde Geist und Materie, die er zu gleichen Teilen in sich vereine, so dass der Shinto Himmel, Mensch und Erde als eine schöpferische Einheit erfahre. Diese Einheit würde sich in den drei Punkten in einem Kreis darstellen, so wie man sie in vielen Shinto-Schreinen finden könne.

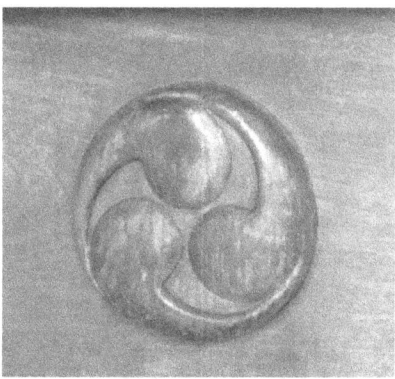

*Abb. 43 Himmel, Mensch und Erde sind im Ursprungskreis einer Sphäora zur Einheit geworden.*

Der Himmel, das Geistige, der Mensch als der Handelnde und die Materie sind im Ursprungskreis einer Sphäora zur Ganzheit verbunden. Hier wird die Mitwirkung der Menschen, wie wir sie schon bei den Ainu gesehen haben, zum essentiellen Prinzip. Die aktive Teilhabe der Menschen am Schöpfungsgeschehen ist nicht freundliche Zugabe, sondern notwendige Verpflichtung im Dasein, da zu der gestaltenden Verschmelzung von Geist und Materie allein der Mensch fähig ist.[25]

---

25 Das gibt menschlichem Leben einen Sinn, überträgt dem Menschen Verantwortung im Dasein – auch für atomare Katastrophen wie die von

Der japanische Schöpfungsmythos bringt das Sein aus der Leere, aus der geistigen Essenz zur Gestalt, aus der auch die Menschen schöpfen, wenn sie gedanklich konstruieren, philosophieren und forschen. Im Mythos begann das Urpaar Izagami und Izanami diesen Gestaltungsprozess, indem sie rührten bis Materie entstand. Das entspricht der praktischen Erfahrung, wonach allem Tun eine geistige Idee vorangeht. Wobei der japanische Zen-Buddhismus lehrt, dass die Quelle des Tuns nicht egoistisches, gefühlsbetontes Streben sein darf, sondern aus dem reinen Urgrund der Kreativität, der schöpferischen Leere und Formlosigkeit entspringen muss.

*Abb.44 Ein einfaches, altes Torii zeigt die Heiligkeit dieses alten Baumes in Nichi Jinga an*

Zurück auf dem Pilgerweg von Kuma-no, führt mich Herr Kominawa zum Nachi-Wasserfall und dem hoch oben gelegenen Nachi-

---

Fukushima.

san-Tempel, der als eine großartige Mischung aus buddhistischer Tempel-Anlage und Shinto-Schrein von vielen Pilgern besucht wird. Seine rote Farbigkeit zeugt von einer harmonischen Verschmelzung beider Religionen. Während Boddhisatvas in den mit Bildern und Figuren geschmückten Tempeln angesichts des Nichi-Wasserfalls im Hintergrund den Besuchern persönliche Hilfe und Glück versprechen, weilen die *Kami* still und passiv in dem von *Shimenawa* umkränzten Stamm eines alten Baumes (vgl. Abb.44).

*Abb. 45 Der Wasserfall ist oben mit einem Shimenawa überspannt, während zu seinen Füßen ein Gohei die Anwesenheit der Kami anzeigt.*

Unten aber, am Fuße des Berges tritt der Pilger durch ein Torii direkt vor den Wasserfall, der wie ein Schleier aus dem Wald herausweht und dessen Wasserwesen als ein lebendiger Bach davonspringen. Auf einem flachen, weich bemoosten Felsen steht ein großes *Gohei* (Abb. 45) und zeigt hier die Gegenwart der *Kami* an. Obwohl Tausende von japanischen Touristen mit Bussen hierher gefahren werden und tagtäglich die Stufen herabsteigen, wirkt das alte Heiligtum unverändert ruhig und ehrwürdig. Büsche, Farne oder die großen Zedern werden in ihrem natürlichen Wachstum nicht gestört, denn es sind die Schönheit und Reinheit, die die *Kami* diesen Ort lieben lassen und ihre Schöpfungskraft an diesem Jahrtausende alten Platz garantieren. Rücksichtsvoll und heiter verbeugen sich die Menschen vor ihren *Kami*. Weder Devotionalien noch Essens- oder Souvenirbuden entweihen die Schönheit der von *Kami* belebten Natur am Fuße dieses heiligen Wasserfalls.26

*Abb. 46a Die Hände über dem Iwakura-Stein b Zwei junge Japaner beugen sich über einen kleinen Iwakura-Stein im Geku von Ise*

War es hier ein Wasserfall, dort eine Felskugel oder ein Wald, oder wie in Nara eine mitten in der Stadt lebende große Herde von

---

26  Auf unerklärliche Weise erhitzt dort ein mit *Shimenawa* umkränzter *Iwakura*-Stein die dicht über seine Oberfläche gehaltenen Hände der Pilger. Auch meine Hände wurden heiß und rot über dem offensichtlich mit Energie geladenen Stein. Er soll wunderbare Heilkräfte haben, versicherte mir Herr Kominawa.

Hirschen, so ist es in Hanna-no-Iwaya, das ich Ende des Kapitels über die Ainu schon vorgestellt habe, eine Felswand mit zwei aus dem Wald heraus ragenden Felsköpfen, die als Naturheiligtum verehrt wird. Der direkt am Meer gelegene Platz zu Füßen der steilen, durchlöcherten Felswand ist von einem Torii überspannt und grenzt ein weiträumiges Areal ab, das zusammen mit einem *Iwakura*-Stein, mehreren Sphäoren-Ampeln und einem Schrein einen heiligen Bezirk markiert.

*Abb. 47 Die Felswand von Hanna-no-Iwaya. Die oberen Felsen erschaffen von weitem gesehen die beiden sitzenden Fischeulen (Abb. 19)*

Der ganz Felsen wird von langen *Shimenawa* umweht, die bis zu seiner Spitze reichen. Ich beobachtete mehrere Pilger, die einen Kieselstein in die Spalten des Felsens steckten und sich zweimal klatschend vor dem *Gohei* verbeugten, um den *Kami* ihre Aufwartung zu machen. Sie knieten nieder und sprachen längere Zeit; vielleicht, um die *Kami* um ihren Schutz und ihre dauerhafte Anwesenheit an diesem Ort zu bitten. Vielleicht entschuldigten sie sich auch stellvertretend für manche Rücksichtslosigkeit, die den *Kami* heute zugefügt wird, in Sorge darüber, dass diese von hier fortgehen und Not und Unglück hinterlassen könnten.27 Auf meiner Wanderung am Pazifikufer entlang betrachtete ich den Ort von weitem und stellte fest, dass die Felsenköpfe wie zwei Eulen mit großen runden Augen zwischen den Bäumen hockten. Das fand ich verblüffend und ließ mich eine direkte Verbindung zu den Ainu-Jägern herstellen, für die die Adler- oder Fischeule eine ihrer mächtigsten *Kamui* gewesen war.

Ihr alter Ainu-Name *Kotan-Kor-Kamui* bedeutet "Kamui, ruling the land" und weist darauf hin, "dass man in früherer Zeit die Adler-Eule als verantwortlich für das Land und als Wächter über das menschliche Heimatland verstand." (Philippi 1979, 108) Der Pazifik mit seinen hohen Wellen ist hier nur 100 Meter entfernt, so dass es gut möglich ist, dass die Eulen an dieser Stelle schon den alten Lebensraum der Jäger beschützt haben.

In diesem Heiligtum mögen die Energien von Jahrtausenden gespeichert sein. Uralt und längst vergessen, übernahm der Shinto diesen heiligen Platz, auf dem möglicherweise einst im feierlichen *Lyomante* die *Kotan-Kor-Kamui* heimgesandt wurde. Hanna-no-Iwaya könnte ein alter Absendeplatz gewesen sein und erinnert in mehrfacher Hinsicht an das zuletzt veranstaltete *Lyomante* in Shiroia, das in vielen eindrucksvollen Fotos für die Nachwelt dokumentiert werden konnte.28

---

27  Nur ein knappes Jahr später schlugen die Tsunami-Wellen auch an diese Küste. Ich weiß nicht, ob es die hohe Uferbefestigung war, die sie davon abgehalten hat, in das Heiligtum einzudringen.

28  Siehe Fußnote 19 auf Seite 69)

## Die Symbolik der *Iwakura*-Steine

Es ist sicherlich aufgefallen, dass sich die Japaner vor Steinen verneigen, wenn sie vor den mit *Shimenawa* und *Gohei* umkränzten *Iwakura*-Steinen oder dem *Gobiki-F*elsen stehen. Steine manifestieren, wie meine Forschungen ergaben, weltweit einen sehr alten spirituellen Gedanken: Sie materialisieren das Nicht-Sein im Dasein; bringen das Nicht-Sein zur Gestalt, indem sie den Zustand einer völligen Leblosigkeit zeigen.

Steine geben ein anschauliches Bild von der Starre und Bewegungslosigkeit, die das Leben während des geistigen Zustandes durchläuft. In einem zyklischen Weltbild sinkt das Sein, langsam sich dem Tod zuneigend, immer wieder die Phase des Nicht-Seins, um aus ihr wieder mit neuer Kraft hervorzutreten. Das Schöpferische wirkt also nicht im Dasein, sondern in der Phase des Nicht-Seins, im geistigen Zustand, den der Stein symbolisiert. Er macht das Schöpferische fassbar, indem es sich in ihm zu höchster Schöpfungsenergie materialisiert.

*Abb, 48 Nur das Shimenawa, das den Iwakura-Stein umkränzt, macht ihn optisch zu einem Wohnort der Kami. a) Miwa b) In einer Straße*

In den alten Jägerkulturen muss der Stein bereits eine ähnliche spirituelle Bedeutung gehabt haben: Sie ritzten oder malten Symbolbilder auf Steine und Felsen und erneuerten deren magische Kraft durch eine aktive, rituelle Berührung dieser Steine. Auf diese Weise trugen die neolithischen Menschen mit dazu bei, das Leben aus der gestaltlosen Anderswelt wieder zur Erscheinung zu bringen. (Vgl. Mahlstedt 2004, 135f.)

Die Jamon- und Ainu-Jäger hingegen haben keine Felsbilder oder sichtbaren Zeichen alter Steinverehrung hinterlassen. Sie haben mit ihrem feierlichen *Lyomante* an der Wiederkehr des Lebens mitgewirkt. Sie haben die Leben erschaffenden Kräfte, also die *Kamui*, durch ihre von Freude und Harmonie bestimmten Rituale dazu veranlasst, sich wieder zu materialisieren. Dennoch sind auch in Japan Steine zu Wohnorten geworden: In den *Iwakura*-Steinen sind die *Kami* anwesend, weshalb sie ungeheure Schöpfungsenergie ausstrahlen.

Der Berg Miwa in der Nähe von Nara ist das anschaulichste Beispiel für die spirituelle Bedeutung dieser *Iwakura*-Steine. Der heilige Ort zu Füßen eines 467 m hohen kegelförmigen Hügels liegt im Zentrum des alten Yamato-Reiches und heißt "Yamato-no-aogaki-Yama, Schrein der Zedernbäume".[29] Wenn man einmal davon absieht, dass ein riesiges, weithin sichtbares riesiges Torii die kleine Ortschaft überragt, fällt der bewaldete Berg in der Hügelkette kaum auf. Die Hallen und Torii sind aus dunklem Zedernholz gebaut, das sich mit seiner zarten Goldverzierung im Giebel und den dicken *Shimenawa* wunderbar in den Wald einfügt. Hier war einst *Shiramba-Kamui* gegenwärtig, der von den Ainu-Jägern im lebendigen Holz als Erschaffer der Welt verehrt wurde.

Der Miwa-Schrein stammt in seinen Anfängen noch aus der Yamato-Zeit und gilt als einer der ältesten Shinto-Schreine Japans. Heute noch ist der Miwa-Jinja, der neue Schrein, mit seinen Hallen, Gästeunterkünften, Seminarräumen, *Honden*, Schatzhäusern und seiner großen Bibliothek ein lebendiger, von vielen Priestern, Besuchern, Pilgern und Gelehrten aufgesuchter Schrein. Achtsam und respektvoll nähern sich die Japaner dem Schrein; sie erweisen den *Kami* mit Zurückhaltung ihre Referenz und verneigen sich jedes Mal, wenn sie an den *Shintai* vorbeigehen müssen (vgl. Abb.49).

---

29  Vgl. das Informationsblatt des Miwa-Jinja, des neuen Schreins in Miwa.

*Abb 49 Der Miwa - Schrein, vor dem sich Priester jedes Mal verbeugen, wenn sie an ihm vorbeigehen.*

Ruhig, aber fröhlich und aufmerksam gehen die Besucher durch die große Anlage, vorbei an einem See und einem kleinen Tal, in dem achtsam umhegte, wilde Lilien blühen, um schließlich auf den heiligen Berg zu steigen, der das eigentliche alte Heiligtum darstellt: Er ist der Leib der *Kami*, die hier ruht. Jeder Besucher, der auf den Bergen steigen möchte, wird von einem Priester registriert, der ihm dann eine kleine Glocke um den Hals hängt und ihn bittet, weder zu fotografieren noch zu essen oder zu trinken, um den heiligen Leib der *Kami* nicht zu beschmutzen.

Ich trete durch eine kleine Pforte und beginne auf einem schmalen Pfad den fast zweistündigen, steilen Aufstieg. Selbstverständlich hielten sich auch die vielen jungen Japaner an die geltenden Regeln. Sie zogen leise und fröhlich an mir vorbei, die ich den Weg über Wurzeln, Geröll, durch Rinnsale, glitschiges Laub und Matsch sehr vorsichtig ging, weil ich auch eine Auge für die abwechslungsreiche Flora hatte und zugleich die verschiedenen *Iwakura*-Steine entlang des Weges bewusst wahrnehmen wollte. Erkennbar waren sie nur aufgrund der *Shimenawa* mit den *Gohei*, und immer wieder fragte ich mich, warum nun gerade dieser Stein ein *Iwakura* sein soll? Die vorüber gehenden Pilger verneigten sich kurz vor ihnen und liefen dann weiter.

*Abb. 50 a Iwakura-Steine in Miwa b) hinter einem schützenden Zaun mit Shimenawa und Gohei, die die Anwesenheit der Kami anzeigen.*

Oben angekommen, wo der Europäer nun den eigentlichen Höhepunkt des Aufstiegs erwartet – also eine Statue der Gottheit, eine Kapelle oder irgendein Zeugnis geistiger Macht –, waren lediglich einzelne Felsbrocken in natürlicher Anordnung zwischen Büschen und kleinen Bäumen zu sehen. Diese völlig unspektakuläre Anordnung von *Iwakura*-Steinen ist noch heute eines der größten Naturheiligtümer Japans. Nicht jeder Stein einzeln, sondern das ganze Areal der natürlich herumliegenden, von Buschwerk überdeckten Steine ist von einem dünnen *Shimenawa* mit vom Winde verwehten *Gohei* umzogen.

Hier also schlafen die *Kami*; fast erscheint mir der Ort wie ein Olymp der *Kami*. Weil Fotos ihre verborgene Heiligkeit und spirituelle Kraft forttragen würden, habe ich nur gewagt, eine schnelle Skizze von diesem erstaunlichen und zugleich unspektakulären Ort zu machen.

Ehrfurchtsvoll und leise treten die Besucher einer nach dem anderen vor den kleinen Opferkasten, ziehen an der Glocke, werfen die kleine Münze in den Spalt, damit es klingelt und die *Kami* bemerken, dass ihnen ein Mensch seine Aufwartung machen möchte, der weiß, dass sich die *Kami* an ihrer ruhigen Gegenwart erfreuen.

Etwas unterhalb der Bergkuppe mit den *Iwakura*-Steinen steht ein kleiner Holzschrein in der Art eines Throns. Er umschließt einen leeren Raum, in dem die *Kami* in der Seinsform ihrer erhabenen Unsichtbarkeit thronen. Sie ist hier in der Leere und nicht im Stein gegenwärtig. Die Welt der *Kami* vermittelt sich nicht über metaphysische Symbolbilder, sondern in schlichter Diesseitigkeit, in der sichtbar gemachten Leere des Raumes. Das von einem feinen Holzzaun eingefasste Gelände wird zu einem Reich der *Kami*, die auf diesem Thron so etwas wie einen Ehrenplatz in ihrer parallelen Welt einnehmen. Dieser Platz ist so außerordentlich heilig, er enthält höchste Schöpfungspotenz, das die gebotene Ehrfurcht vor den *Kami* ausreicht, um sie vor Willkür oder Missachtung zu schützen – keinem der jungen Japaner fiele es ein, sich hier auffällig zu benehmen.

*Abb 51 Skizze aus meinem Tagebuch: Der „Thron" der Kami*

Dennoch gehen die Japaner nur bedingt für eigenen „religiösen Gewinn" auf den Berg. Es handelt sich vielmehr um einen „selbstverständlichen Besuch", der fast so nützlich ist wie das Bewässern von Reisfeldern. Die Japaner erfüllen eher eine Verpflichtung. Sie kommen einer ehrenvollen Aufgabe nach, wenn sie in Harmonie mit der Natur den *Kami* ihre Aufwartung machen.

Der Shinto bietet keinen Weg zu religiöser Schau, zu geistiger Verklärung oder mystischer Vereinigung mit einer Gottheit, so wie es etwa der Buddhismus lehrt, der dem nach höherer Sittlichkeit strebenden Menschen einen eigenen Heilsweg im grenzenlosen Mitgefühl des Buddha Amida anbietet. Shinto bringt dem Einzelnen keinen direkten persönlichen Gewinn, keine religiöse Selbstverwirklichung, sondern fordert ihm pragmatische Achtung vor den schöpferischen Kräften seines Landes ab. Im dreiteiligen Zusammenwirken von Himmel, Mensch und Erde trägt zwar jeder Einzelne Mitverantwortung für die schöpferische Harmonie zwischen Menschen und Kami – und doch bieten die Kami den Menschen keine spirituelle Nahrung.

# 4 Teil: Die Kami im heutigen Japan

Der Shinto lässt den Menschen frei und doch rücksichtsvoll den unsichtbaren Geistwesen seines Landes gegenüberstehen. Seine *Kami* forderten niemals Gehorsam, sie erwarteten keine devote Unterwürfigkeit von den Menschen. Anders als in den westlichen Offenbarungs-Religionen erließen die *Kami* keine Gebote oder Gesetze, die den Menschen eine Richtschnur für ihr Handeln hätten vorgeben können. Die Beziehung zwischen Mensch und Geistwesen ergibt sich aus einem Erklärungsmodell, bei dem Himmel, Mensch und Erde eine Schöpfungseinheit bilden und bei dem menschliche Mitwirkung notwendig ist. Die *Kami* verkörpern sich nur dann in Jagdtieren, Bäumen, im Reis oder auch in menschlichen Kulturwerken, wenn sie mit achtsamer, rücksichtsvoller Freundlichkeit und Harmonie in die Welt gelockt werden. Das wohl einmalige *Kami*-Konzept fußt mit anderen Worten auf dem partnerschaftlichen Zusammenwirken der schöpferischen Kräfte des Daseins.

*Abb. 52 Schrein in Kyoto in Zwielicht*

Andererseits hat sich jedoch aus diesem auf unbedingte Harmonie bedachten Lebensgefühl ein emotional reduziertes Sozialverhalten der

Japaner entwickelt. Der Respekt vor den *Kami* schloss die individuelle Selbstverwirklichung weitgehend aus, denn sie barg immer die Gefahr einer Unstimmigkeit mit den *Kami*, die den inneren Frieden der Gemeinschaft gestört hätte. Auch die weithin bekannte Tapferkeit, Generosität und Ritterlichkeit der Samurai basiert auf einer Form von Selbstzurücknahme und Angepasstheit als einem Grundwert der japanischen Gesellschaft. Nur die Harmonie mit den *Kami* sicherte das Wohlergehen des Landes.

Schon vor Jahrtausenden, das zeigten die schon erwähnten archäologische Befunde, dass es sich bei den Molluskenhaufen der Jomon-Zeit wohl um „Absendeplätze" handelt, in denen man Frühformen des *Lyomante* erkennen kann30. Das beweist, dass die frühesten Jäger auf den japanischen Inseln schon ein Erklärungsmodell für ihr Dasein entwickelt hatten, dass von Achtung und Respekt getragen war, und zwar in der Weise, dass das *Lyomante* zur Freude und Harmonie mit den *Kamui* notwendig war, um den Fortbestand des Lebens zu sichern. Harmonie, Aufmerksamkeit und Achtung wurden zur Existenzgrundlage Japans.

*Kami*, ob als Kraft oder Wesen, als Welle oder Korpus betrachtet, ist geistige Schöpfungsenergie. Das japanische Konzept spricht seinen *Kami* die Fähigkeit zu, sich aus sich selbst heraus zur Gestalt zu bringen. Wenn sie von den Menschen motiviert und aufmerksam behandelt werden, dann erscheinen sie in der Welt der Menschen. *Kami* sind mit anderen Worten in der Lage, sich aus ihrem Wollen heraus zu materialisieren. Für die frühen Jäger bestand die existenzielle Notwendigkeit, die Lust der *Kamui* zu wecken, sich wieder zu verkörpern und in Fleisch und Fell gehüllt, in Gestalt von Pflanzen oder Fischen in die Welt der Menschen zu gelangen.

Der Gedanke, dass die unsichtbaren *Kamui* auf Freude und angemessenen Respekt reagieren, lässt achtsame Aufmerksamkeit und Freude zur Lebensgrundlage der Ainu-Jäger werden. Bis heute gehören Achtung und Respekt vor dem Anderen zum Selbstverständnis eines Japaners. Er teilt sein Dasein mit seinen Ahnen ebenso wie mit den *Kami*, mit denen er auf den vielen Inseln des japanischen Archipels zusammenlebt, und sie alle sind aus dem *Ramat*, der Seelen- und Lebensessenz, in Erscheinung getreten. Aus diesem *Ramat* erschaffen die *Kamui* die Natur, die Landschaft, die Tiere und Pflanzen, während die Menschen aus ihrem *Ramat* Städte, Flugzeuge oder Fabriken bauen und Kunstwerke kreieren.

---

30  Siehe Seite 70

Der *Ramat* der Ainu, das im Shinto zu einer abstrakten Kraft wird, ist diese besondere Schöpfungskraft, die Menschen wie *Kami* zur Verfügung steht, um ihren Willen zur Gestalt zu bringen. Das Wesen dieser Kreativität aber ist die Leere im Sinne einer nicht-materialisierten Schaffenspotenz, die im Vorstellungsrahmen japanischer Denktraditionen in Menschen wie *Kami* trotz ihrer qualitativen Verschiedenheit in gleicher Mächtigkeit zur Wirkung kommt. Menschen und *Kami* bilden unterschiedliche Kategorien von Daseinsformen, die beide über ungeheure Schaffenspotenz verfügen. Auch Menschen erschaffen sich aus sich selbst heraus, gestalten ihr Dasein durch ihre Emotionen, ihre Gedanken und natürlich ihren Willen, den sie in geistiger Disziplin selbst zu lenken vermögen.

Abb. 53 Vierfach über die Häuser von Osakas hinweg führende Highways.

Belege dafür liefert heute die Bewusstseinsforschung ebenso wie die Relativitätstheorie, die beide zeigen, dass wir die Wirklichkeit so wahrnehmen, wie der Betrachter sie erwartet. Während die *Kami* in

Urzeiten schon aus dem Unsichtbaren die lebendige Welt zu materieller Gestalt brachten, formen Menschen aus ihrem *Ramat* die Lebenswelt, indem sie aus der immensen Kreativität heraus Technik, Architektur, Kunst oder soziale Gebilde und heute sogar virtuelle Welten erschaffen, die ihre Welt ausmachen. Während *Kami* das Lebendige erschaffen, gestalten Menschen die Oberfläche und das Aussehen ihrer Welt. Dadurch sind im Glauben des Shinto auch Hochhäuser, Flugzeuge, Industrieanlagen, Brücken ebenso wie Theater, Dichtkunst oder die Kalligraphie aus dem *Ramat* menschlicher Phantasie hervorgegangen. Für die Ainu waren die *Inau* (die Holzlocken-Stäbe) aus der spirituellen Kraft des menschlichen *Ramat* entstanden. Auf diese Weise wurden sie zu Zauberstäben, die die Wiederkehr der *Kamui* in der menschlichen Welt bewirken konnten und damit das Sein auf die Basis von Wohlgefallen stellten.

In diesem Konzept sind Menschen und *Kami* gewissermaßen inkompatibel. Sie sind nicht wie in monotheistischen Religionen hierarchisch positioniert, indem die mystische Vereinigung mit den *Kami* etwa das religiöse Ziel des Einzelnen im Leben wäre. Ganz pragmatisch bleiben Menschen immer Menschen und transformieren auch im Tode nicht zu *Kami*. Umgekehrt bringen sich auch *Kami* niemals als Menschen zur Gestalt.

Im Shinto haben sich die *Kami* weitgehend abstrahiert; sie bleiben damit gestaltlos und unsichtbar und offenbaren sich heute in einer Geisteshaltung, in einer Qualität des Geistes. Der Japanologe Ono spricht in diesem Zusammenhang von "sacred spirit" und hält gleichzeitig daran fest, den *Kami* eine Qualität des Wachsens, der Fruchtbarkeit, aber auch der Zivilisation und Kultur menschlicher Gemeinschaft zuzusprechen, die immer auch die Grundkategorie von Harmonie enthält. (Vgl. Ono 1993, 7) *Kami* sind die Realität Japans, sie sind so selbstverständlich wie Amaterasu, die Sonne. Zwar wird im Alltag nur selten von *Kami* geredet und doch sind sie allgegenwärtig, selbst noch in den großen modernen Städten. Sie prägen die Wirklichkeit und damit das Selbstverständnis der Japaner, die mit ihrem respektvollen, achtsamen und rücksichtsvollen Verhalten unbewusst den Weg der *Kami* gehen.

Auf diese Weise ist das freundliche und zurückhaltende Wesen der Japaner im Shinto, dem *Kami*-Weg des Seins, zu einem verinnerlichten Verhalten von Duldsamkeit und Respekt, von Gelassenheit und Selbstzurücknahme geworden. Die Höflichkeit der Japaner, die uns manchmal wie aufgesetzt erscheint, ist fester Bestandteil ihres Wesens. Auch die auffallende Sauberkeit des Landes ebenso wie der ausgeprägte Sinn der Japaner für Ästhetik können auf ein Jahrtausende altes

Weltbild zurückgeführt werden, das offenkundig fest im kollektiven Unterbewusstsein verankert ist. Schon immer bestand hier eine enge Verpflichtung den Ahnen gegenüber und den Werten der Tradition, die nicht gebrochen werden durften, ohne großen Schaden oder Unheil hervorzurufen, so dass es wenig Raum für eine individuelle Lebensgestaltung gab, durch die sich die alten Werte und Verhaltensmuster hätten verschieben können.

Dadurch konnte die Beziehung zu den *Kami* zu einem Kontinuum unendlicher Länge reifen, sie entwickelte sich zu einer Geisteshaltung der Menschen, die von der Notwendigkeit zur Harmonie, Selbstzurücknahme und Respekt geprägt ist. Heute machen unzählige Menschen den *Kami* anlässlich von Shinto-Festen und den verschiedenen jahreszeitlich festgelegten *Matsuri* ihre Aufwartung. Beim *Obon*, dem Jahresfest zu Ehren der Ahnen, oder dem *Shogatsu Matsuri,* dem dreitägigen Neujahrsfest, nehmen Hunderte, oft Tausende von Menschen teil und tragen in großen Prozessionen einen Schrein durch die Straßen oder zu mythischen Orten.

Indem ein Japaner die Tradition respektiert und sich bei einer Prozession daran beteiligt, den Schrein zu tragen, "hat nicht nur er selber, sondern auch die Pilger und Anwohner Anteil an der Aura des Göttlichen." (Littelton 2005, 79) Immer ist dabei der Besuch des Schreins das Wichtigste. Durch dessen Park und seine Hallen ziehen Millionen von Japanern zum Neujahrsfest, um den *Kami* zu zeigen, dass sie geliebt und verehrt werden – wobei nicht davon ausgegangen wird, dass die *Kami* den Menschen persönlich wahrnehmen. Hier wird kein Gottesdienst, keine Kulthandlung oder gar Predigt abgehalten und auch kein Sakrament vollzogen. Die Japaner gehen andächtig, still und ehrfurchtsvoll durch den Schrein, verneigen sich vor den verborgenen *Shintai* und den *Kami* in den leeren Hallen und lassen sich von ihrer unsichtbaren Anwesenheit segnen, indem sie sich für einen kurzen Moment in der Gegenwart der *Kami* aufhalten.

Shinto ist ein Konzept pragmatischer Diesseitigkeit, in dem jeder Mensch Mitverantwortung trägt am Fortbestand des Lebens, ohne dabei einer religiösen Bindung zu folgen. Denn *Kami* sind keine Götter, schon gar nicht metaphysische Götter, die – wie wir es aus monotheistischen Religionen kennen – als Gottheiten dem Menschen helfend, Rat gebend oder maßregelnd zur Verfügung stehen. *Kami* besitzen keine Macht über den Menschen, sie stellen keine spirituelle Entität dar, die etwa Erlösung aus einem leidvollen menschlichen Dasein verspricht.

Weil die *Kami* aus freien Stücken die Menschenwelt besuchen und sich nur dann materialisieren, wenn es ihnen dort gefällt, ist neben der harmonischen, respektvollen Grundstimmung auch das Kriterium von Schönheit und Reinheit von existenzieller Bedeutung. Denn das lieben die *Kami*, Müll und Unrat hingegen würden sie kränken. Insofern ist das achtsame und rücksichtsvolle Wesen der Japaner nicht so sehr emotional bedingt, sondern vielmehr die pragmatische Voraussetzung für ihr Wohlergehen, nämlich für die Anwesenheit der *Kami* in der Menschenwelt. Die Beziehung von Mensch und *Kami*, d.h. einer materiellen und einer parallelen geistigen Welt, spiegelt die Beschaffenheit japanischen Daseins, dessen uralte Wahrheit sich in Harmonie, Höflichkeit und Selbstzurücknahme offenbart. Es ist ein seit Jahrtausenden verinnerlichtes Verhalten. Dabei ist die Notwendigkeit zu Rücksicht und Respekt eine pragmatische Tatsache und keine religiöse Glaubenslehre. Beide Welten sind durch Freude und Achtung miteinander verbunden, wobei Harmonie als zentrales Gestaltungselement des japanischen Daseins ausgemacht werden kann.

Abb. 54 Zeichnung eines Matsuri, bei dem ein Schrein von rituell gekleideten Priestern umher getragen wird

Das einzige reale Bindeglied zwischen Menschen und *Kami* ist der Tenno. Auf Weisung der Göttin Amaterasu wurde ihr Enkel *Ninigino-Mikoto* der erste Kaiser Japans, wodurch alle Tennos ein Nimbus von

Göttlichkeit umweht. Der Tenno ist der einzige *Kami* in menschlicher Gestalt, so dass er auf Grund seiner mythischen Abstammung wie ein unsichtbarer *Kami* behandelt wird. Er ist der Garant für das Wohlergehen Japans, das nicht in erster Linie auf politischen oder wirtschaftlichen Gegebenheiten, sondern auf der Verantwortung für ein harmonisches Verhältnis mit den *Kami* beruht.

Der Tenno hat keine politische oder soziale, sondern eine religiös-sakrale Position, die ihn nicht zu einem Herrscher über die Menschen macht, sondern eher zu einem Menschen, den man als „Seele des Volkes" bezeichnen könnte. Das ist ein wichtiger Aspekt für das Verständnis des Tenno und des japanischen Kaiserhauses, das weitgehend "unsichtbar" und inaktiv in der japanischen Gesellschaft ist und vor allem seinen Verpflichtungen gegenüber den *Kami* nachkommt.

Der Tenno ist nicht der höchste Machthaber, ist nicht einmal die höchste Autorität der Vereinigung der Shinto-Schreine – das ist der höchste Priester. In den sechziger Jahren war dies der mehrfach von mir zitierte Dr. Sokyo Ono. Der Tenno hingegen ist so etwas wie ein religiöser Protagonist mit einer ganz bestimmten Aufgabe. Er hat den Status einer *Kami*-Gottheit, weshalb er sich auch wie ein *Kami* verhalten muss und sich dabei mit ebenso wenig Zuneigung und Wärme den Menschen zuwendet, wie dies die *Kami* tun. Der Tenno ist kein anteilnehmender "Vater" für sein Volk; er vermittelt keinerlei religiöse Geborgenheit, menschliches Angenommen-Sein oder direkte Fürsorge, da er kaum Kontakt mit den Menschen aufnimmt. Im Mittelpunkt seiner Aufgaben und Verpflichtungen stehen fast ausschließlich die *Kami*.

Das wird besonders deutlich im Staatsheiligtum von Ise, wo der Tenno in der Kernsäule *Shin-no-Mihashira* unter dem Spiegel der Amaterasu symbolisch anwesend ist. Als einziger Mensch darf er vor die ungeheure Heiligkeit dieses *Shintai* treten, dem das leuchtende Antlitz der Amaterasu "anhaftet", das vor den verunreinigenden Blicken der Menschen geschützt werden muss.

Ise war ein Höhepunkt meiner Reise gewesen. Ich war andächtig unter den riesigen alten Zedern entlangspaziert, deren Stämme teilweise mit kleinen Schürzen geschmückt waren, hatte mir am Ufer des Flusses die Hände gewaschen und stieg erwartungsvoll die breite Steintreppe zum *Naiku* hinauf, trat durch das alte *Torii* und stand vor einem Tor, das von einem Vorhang verdeckt war und von einem Priester bewacht wurde, damit auch ja keiner fotografierte und damit die *Kami* dieses Ortes verärgerte. Hier verneigten sich die Pilger, die häufig von weither kommen, um *Amaterasu-no-Ohokami* ihre Aufwartung zu machen. Sie klatschen zweimal in die Hände, verharren ein oder zwei Minuten still vor dem Vorhang und gehen wieder, ohne irgendetwas von ihr gesehen zu haben. Wie auf dem Berg Miwa ist Amaterasu unsichtbar, sie ist geistige Qualität, die sich in keinem Abbild einfangen lässt.

Ise ist der heiligste Ort des Shinto, denn die Göttin hat ihn sich selber ausgesucht und ist hier in ihrem goldenen Spiegel permanent anwesend. In dem großen Schrein nehmen der Tenno, Prinzessinnen des Kaiserhauses und die höchsten Priester des Landes in streng ritualisierter Ordnung die Verpflichtungen der Menschen gegenüber *Amaterasu-no-Ohokami* wahr, die das Kaiserhaus beschützt. Das Heiligste aber ist verborgen und offenbart sich in den Bäumen, die – wie für die Ainu die äußere Gestalt ihres höchsten Erhalters *Shiramba Kamui* – das Heiligtum umgeben.

Abb. 56 Der kaiserliche Abgesandte betet mit Priestern des Ise-Schreins vor dem Geku in Ise das Jahresgebet.

Der Tenno, in der Nachfolge von *Ninigi-no-Mikoto,* tritt vor sie hin und verliest im Neujahrsritual die traditionellen Gebete für Amaterasu. Noch heute ist die Begegnung des Kaisers mit Amaterasu ein Staatsakt, bei dem ein kaiserlicher Gesandter ehrfurchtsvoll kniend vor Sonnenaufgang damit beginnt, die Shinto-Liturgie zu beten, während schließlich die ersten Sonnenstrahlen die Tempeldächer vergolden. (Vgl. Obayashi 1981, 67f.) Er verneigt sich tief vor ihrer Heiligkeit und verliest eine Botschaft des Kaisers an sein Volk.

In seiner mythischen Verankerung zu Amaterasus Bruder Susano, dem Sturm- und Kriegsgott, ist der Tenno aber auch oberster Kriegsherr, dem in alter Zeit die Aufgabe der Verteidigung Japans gegen äußere Feinde zufiel. Obwohl sein Status als *Kami* ihm eine sonderbare, traditionelle Unnahbarkeit auferlegt, die ihn der profanen, sozialen Wirklichkeit Japans völlig entzogen hat und ihn wie in einem goldenen Käfig gefangen hält, hat er die Funktion eines obersten Befehlshabers immer beibehalten.

In den imperialistischen Weltkriegen des 20. Jahrhunderts befehligte er die Streitkräfte mit unantastbarer Machtfülle, ohne eine realistische Vorstellung von den veränderten Zeitläuften und den Schrecken moderner Kriege zu haben. Seine Unkenntnis der Realität bei gleichzeitig höchster „göttlicher" Macht ließ ihn Anordnungen treffen, zu denen er keine wirkliche Beziehung hatte. Die Soldaten sahen in ihm eine *Kami*-Gottheit und folgten ihm selbstverständlich; auf ihr Verhalten hatte der Tenno traditioneller Weise keinen Einfluss.

Als die Weltkriege des 20. Jahrhunderts auch Asien und Japan erschütterten, besaß der "weltfremde" Tenno wahrscheinlich ebenso wenige Einblicke in die politischen und militärischen Hintergründe wie die ihn beratenden Shinto-Priester, die nur ihre Befehle ausführen sollten. Sie wussten wenig von den Gefühlen und der psychischen Belastbarkeit ihrer Soldaten unter den Bedingungen des Krieges. Der Shinto hatte ihnen jedenfalls weder geistige Schulung noch religiöse Führung anbieten können, auch keine moralischen Richtlinien für ihr Handeln. Der Shinto hatte sie immer ihren eigenen kreativen Vorstellungen und Problemlösungen überlassen.

Vor diesem Hintergrund erklärt sich vielleicht die ungeheure Grausamkeit japanischer Soldaten in beiden Weltkriegen: Weil sie keine religiöse Visionen für ihr Mensch-Sein kannten und nur den fast mythisch anmutenden Wunsch ihres *Kami*-Kaisers befolgten, nämlich die Feinde Japans zu vernichten, ignorierten sie die die auch im Kriegsfall geltenden Regeln von Menschlichkeit und Völkerrecht.

Könnte man dieses Erklärungsmuster vielleicht auch auf die erschreckend hohe Selbstmordrate in Japan anwenden? Denn der Einzelne ist hier viel intensiver als in den monotheistisch geprägten Gesellschaften den „Verletzungen der Moderne" ausgesetzt: Familiäre Probleme, wirtschaftliche Ansprüche und gesellschaftlicher Druck sind häufig so groß und die innere Einsamkeit so mächtig, dass sie nicht mehr ertragen werden. Die Duldsamkeit der Japaner ist gepaart mit der Sorge darum, um keinen Preis auffallen zu dürfen; sie machen sich selbst eher klein und ertragen ihr individuelles Schicksal, statt aufzubegehren oder Protest anzustrengen. Die Angst vor Disharmonie, Streit oder Unfrieden ist seit jeher Teil der japanischen Shinto-Identität.

Im Jahre 1949, mit der Kapitulation Japans vor den Amerikanern, musste der Tenno als oberster Kriegsherr auf seinen "Göttlichkeits-Anspruch" verzichten, den die Krieg führenden Nationen machtpolitisch definierten, weil sie seine eigentliche religiöse Bedeutung nicht kannten. Daher blieben sein Ansehen und seine Verpflichtungen den *Kami* gegenüber unverändert erhalten: Immer noch obliegen dem Tenno die wichtigsten Riten zur Prosperität und Fruchtbarkeit, zum Wohlergehen Japans im Staatsheiligtum von Ise sowie den großen Schreinen von Kyoto und dem Meiji-Tempel in Tokio. Seine mythische „Kami-Haftigkeit" drückt sich noch heute in seiner eigentümlichen Verborgenheit vor der Öffentlichkeit aus, die ihn fast zu einer Art *Shintai* gemacht hat, einem "den Geist der Gottheit tragenden heiligen Gegenstand". Er war und ist nie ein Staatsoberhaupt im europäischen Sinne gewesen. Im Gegenteil, entsprechend den Prinzipien des Shinto nimmt er in seinem göttlichen Auftrag keinen Einfluss auf die wirtschaftlichen, sozialen oder kulturellen Belange der Menschen, sondern ist grundsätzlich den *Kami* zugewandt.

In der großen Not der Atomkatastrophe im März 2011 hat sich der Tenno, der sich nur einmal im Jahr zum Neujahrsfest direkt an sein Volk wendet, außerhalb jeglicher Tradition in einer allerdings nur aufgezeichneten (!) Fernsehansprache für die Dauer von 65 Sekunden in genau sechs Sätzen persönlich an sein Volk gewandt. Zum ersten Mal in der Geschichte Japans überhaupt drückte er in dieser außerordentlichen Ansprache sein Mitgefühl mit den vom Erdbeben und Tsunami betroffenen Menschen aus und zeigte sich tief besorgt über die Lage am Atommeiler. Er äußerte die Hoffnung, dass noch Überlebende gerettet werden könnten, und "wünschte sich, dass besorgte Menschen eine Verschlechterung der Situation noch abwenden könnten." (SZ vom 17.3.2011)

Das Erstaunliche dieser Rede liegt nicht in der bedachten, sachlichen Wortwahl, sondern in der Einmaligkeit der Situation als solcher.

Die Japaner sind ebenso wie die zu selbstloser Hilfe am Atommeiler aufgeforderten Ingenieure ganz selbstverständlich der Bitte des Tenno um Ruhe und Gefasstheit nachgekommen. In dieser großen Katastrophe wurden auf japanischer Seite kaum gegenseitige Beschuldigungen laut, die Medien haben keinerlei Bilder von Aggressionen, Wut oder Gewaltausschreitungen eingefangen. Im Gegenteil: Die Menschen schienen sich vor den *Kami* des Tsunami und des Erdbebens verneigt zu haben. Noch Wochen später harrten viele Menschen in geduldiger Selbstzurücknahme zwischen notdürftigen Pappkartonwänden aus, darauf bedacht sogar hier noch Sauberkeit und Reinheit als Kriterien der *Kami* einzuhalten.

## Die Einsamkeit der Japaner

## und ihre "Zuflucht" zum Buddhismus

Kaum deutlicher kann die Einsamkeit der Japaner zum Ausdruck kommen als in diesen Bildern stiller Ergebenheit anlässlich der fürchterlichen Atomkatastrophe von Fukushima, in der die Menschen keinerlei Hilfe und keinen Trost seitens der *Kami* erwarten konnten. *Kami* verkörpern das der Natur innewohnende Schöpfungsprinzip. Sie "erscheinen" im Gewand der Natur und sind allgegenwärtig in der Landschaft; sie geben sich in Wolken, Vulkanen und den Phänomenen des Wachsens, im Geist des Edelmutes, der Rücksichtnahme und Harmonie sowie der Freude zu erkennen; sie heiligen das Dasein der Menschen. Doch für den einzelnen Menschen und seine persönlichen Anliegen bieten sie keine Anlaufstelle.

Der pragmatisch auf das Diesseits gerichtete Shinto kennt keine Mystik, er bietet dem Einzelnen keine Möglichkeit, sich mit seinen Nöten an eine göttliche Macht zu wenden. Die *Kami* holen die Menschen auch nach dem Tod nicht zu sich in eine jenseitige, metaphysische Welt, um sie von ihren irdischen Leiden zu erlösen. In der weiten Dimension des Kummers, der Verlorenheit und der seelischen Nöte können *Kami* keinen Trost spenden; sie sind den Menschen gegenüber emotionslos und unfähig, ihnen persönlichen Beistand zu gewähren.

Einen Ausweg aus diesem Gefühl des Allein-gelassen-Werdens konnte der etwa im 8. Jahrhundert n. Chr. nach Japan gelangende Buddhismus anbieten. Er stillte die Sehnsucht der Menschen nach einem persönlichen Heilsversprechen und bot ihnen spirituelle Nahrung. Im Buddha Amitabha, dem Buddha des grenzenlosen Lichtes, fanden sie eine Richtschnur für ihr Handeln; er verhieß Liebe, Wärme und Anteilnahme. Indem der Buddhismus lehrte, dass es für jeden Menschen einen Ausweg aus dem irdischen Leiden gibt – das ist die vierte der "Vier Edlen Wahrheiten" des Buddhismus –, eröffnete er dem Einzelnen eine Möglichkeit, sein Handeln auf etwas Höheres zu richten, sich selber zu vervollkommnen und sich mit Hilfe liebender Boddhisattvas aus der Einsamkeit, die der Shintoismus dem Menschen aufbürdet, zu befreien.

Auf dem Fundament des Shinto mit seiner edlen Selbstzurücknahme und dem Respekt vor allen Wesen konnte sich in der religiösen Vorstellungswelt der Japaner eine persönliche Heilserwartung entwickeln, ohne dass dabei die Achtung vor den *Kami* aufgegeben wurde. Denn ebenso wie im Shintoismus sucht man im Gedankengut des Buddhismus und in der religiösen Grundstruktur seiner Lehren vergeblich nach einer „Gottheit". Der Mensch erringt in der Zuflucht zu einem buddhistischen Lehrer Glück und Geborgenheit, er versucht sich durch geistige Schulung zu vervollkommnen. Der Shinto als Weg der *Kami*, der ein zurückhaltendes und respektvolles Verhalten impliziert, findet im Anliegen des Zen-Buddhismus seine Fortsetzung, wenn jener Selbstdisziplin und die Überwindung emotionaler Triebe und Begierden lehrt, die jetzt zur Erlösung aus Leid und persönlicher Not führen können.

Der japanische Zen-Buddhismus in seiner Konzentration auf das Nichts als der schöpferischen Leere des Daseins hat die uralten Shinto-Ideen von Harmonie und Achtsamkeit aufgegriffen und zu einem neuen Lebenssinn von Selbstzurücknahme, Disziplin, Rücksicht und Duldsamkeit gesteigert. Trotzdem ist der Einzelne heute vergleichsweise schutzlos den Anforderungen des modernen Lebens ausgeliefert, denn die Weltanschauung des Shinto mit ihrer seit Jahrtausenden ungebrochenen Tradition und notwendigen Fokussierung auf die *Kami* stößt hier gewissermaßen an ihre Grenzen.

Die offensichtliche Selbstdisziplin beispielsweise der japanischen Samurai trägt in religiöser Anstrengung dazu bei, äußere Feinde stellvertretend für innere „Unruhestifter" zu bekämpfen, d.h. Begierden und Emotionen unter Kontrolle zu bringen. Aus dem Zusammenspiel von geistigen und materiellen Kräften – also von Menschen und *Kami* – entwickelte der Buddhismus auf dem Fundament der alten Shinto-Werte ein Weltbild, in dem sich der Einzelne zurücknimmt, um sich harmonisch in ein Ganzes zu fügen.

Die bauliche Zusammenführung buddhistischer Tempelanlagen mit alten Shinto-Schreinen und Naturheiligtümern spiegelt sich in den rot gestrichenen Hallen und Torii, die oft höchst dekorativ die Zuwege zu den Schreinen säumen, während die alten Shinto-Schreine, wie Miwa oder Ise, immer aus Naturholz gebaut sind. Heute erlebt man auch an den Hausaltären die harmonische Verbindung von Shinto und Buddhismus, die in ihrer Symbolik beide „Glaubensrichtungen" miteinander vereinen. Die Japaner heiraten gegenwärtig meist nach shintoistischem Ritus. Wenn es um das Sterben geht, suchen sie jedoch Halt und Trost in buddhistischen Vorstellungen, die von Wiedergeburt künden.

Die Shinto-Gelehrten haben bis heute nicht wahrnehmen können, dass die seit Jahrhunderten andauernde Fortführung der *Kami*-Tradition auf das geistige Erbe der Ainu-Jäger zurückgeht. Es ist fraglich, ob dieser Zusammenhang den Japanern überhaupt bekannt ist. Vielleicht wäre es für die junge Generation der Japaner sogar problematisch, den in ihr "schlafenden" Respekt vor den *Kami* und den religiösen Hintergrund, auf dem ihre rücksichtsvollen Umgangsformen fußen, aus dem kollektiven Unterbewusstsein ins persönliche Bewusstsein zu heben. Andererseits könnte ein solcher Hinweis auch einiges erhellen, insbesondere durch die zwangsläufige Konfrontation japanischer Lebenswirklichkeit mit den westlich geprägten, monotheistischen Religionen.

Denn "der Shinto ist vor allem eine 'Religion des Lebens', die sich um das Hier und Jetzt, den segensreichen Überfluss der Natur und die Fruchtbarkeit kümmert." (Littleton 2005, 90) Seine Qualität besteht in der pragmatischen Weltzugewandtheit. Man kümmert sich auch heute noch in Japan stärker um die harmonische Beziehung zu den *Kami* als um sich selbst: So beteiligen sich beispielsweise Tausende von Japanern an den Matsuris, den "divine amusements", bei denen sie in erster Linie die *Kami* erfreuen möchten und weniger die geistige Erbauung für sich selbst suchen. Hierin zeigt sich erneut eine Parallele zu den Festen der Ainu, die bekanntlich veranstaltet wurden, „to please the Kamui", wie Watanabe gesagt hat. Sie feierten ihr ausschweifendes, tagelanges *Lyomante*, um die *Kamui* mit Sake und den *Inau* wieder in die Menschenwelt zu locken. "Shinto-Feste mit ´sacred dances`, Musik und Bogenschießen oder Pferdevorführungen in alten Kostümen sind ein religiöses Entertainment, bei dem Freude und Vergnügen Opfergaben für die Kami aber auch zum Vergnügen für die Gläubigen sind." (Ono 1993, 71)

Das Beispiel Japan zeigt die ungeheure Prägekraft der frühen religiösen Erklärungsmuster, die jedoch wie fast überall auf der Welt durch den Einfluss des Kolonialismus unterbrochen bzw. zerstört worden sind. Sich in einem Dasein von Parallel-Universen zu verorten, sich ein "System sozialer Solidarität zwischen Mensch und Natur" (Watanabe 1973, 69) zu schaffen, bei dem Geistwesen und Menschen harmonisch nebeneinander existieren konnten, darin bestand die Antwort der Jäger auf die Fragen ihres Daseins. Diese von Vorfahren und Ahnen geschaffene Wirklichkeit hat die Japaner zu ruhigen, beherrschten, emotional distanzierten und rücksichtsvollen Menschen werden lassen. Die Lebensrealität hat sie gelehrt, durch ein rücksichtsvolles Miteinander das Wohl der Gesamtheit über die individuellen Bedürfnisse zu stellen. Dabei scheint ihre geringe Ich-Betonung, die uns Europäer so verblüfft, nicht eigentlich altruistisch motiviert zu sein, sondern ihrem Respekt vor der Natur, den Mitmenschen und den *Kami* geschuldet zu sein.

*Abb. 57 Schrein in einem Park in Kioto. Das Gohei in der leeren offenen Halle zeigt die Anwesenheit der Kami an.*

Die *Kami* können auch im 21. Jahrhundert als realer Bestandteil und unsichtbarer geistiger Hintergrund der japanischen Gesellschaft betrachtet werden. „Das Individuum ist nahezu nichts im Angesicht der Gemeinschaft. Seine Unterwerfung unter die sozialen Sanktionen ist die essenzielle Kondition seines individuellen Lebens", urteilt der japanische Religionshistoriker Anesaki Masaharu. (Masaharu 1930, 36) Mich hat es angerührt, als ich am Fuße der riesigen, gläsernen Hochhäuser in Osaka den kleinen Park sah, der mit ausgesuchten Blumen und Pflanzen bestückt und mit vielen Wasserläufen, in denen wertvolle Koy-Karpfen schwammen, angelegt war. Dies alles zur Freude der *Kami*, damit sie auch in der modernen Großstadt einen gepflegten und sauberen Wohnort finden können, an dem sie sich wohlfühlen.

Es ist bedauerlich, dass die Shinto-Priester diese lange Tradition nicht mit dem Erbe der Ainu in Verbindung bringen. Eine Tradition, die man wohl eher als ein Weltbild und nicht so sehr als Religion bezeichnen sollte. Im kulturellen Gedächtnis Japans hat sich eine respektvolle, rücksichtsvolle und harmonische Grundhaltung den *Kami*, der Natur und den Mitmenschen gegenüber herausgebildet, die zu stiller Selbstzurücknahme geführt hat und menschliche Kreativität in Technik und Kultur immer mit einem Stempel von Reinheit und ästhetischer Schönheit versehen hat, bei der die Harmonie im Mittelpunkt steht.

Am Beispiel Japans lässt sich anschaulich zeigen, wie sich die alten Erklärungsmuster im kulturellen Gedächtnis des Landes erhalten und die Verhaltensnormen der Gesellschaft geprägt haben. Das weltanschauliche Konzept eines Parallel-Universums, hat zu einem spezifischen Verständnis von der Welt und dem menschlichen Dasein geführt. Es hat das Denken der Japaner seit Jahrtausenden bestimmt und die japanische Mentalität mit ihrem tief verinnerlichten Respekt, ihrer Disziplin und höflichen Selbstzurücknahme, ihrem Sinn für Reinheit und Schönheit bis ins 21. Jahrhundert hinein geprägt.

Sich in einem Dasein von Parallel-Universen zu arrangieren, bei dem Menschen und *Kami* harmonisch und freundlich miteinander umgehen, sich ein "System sozialer Solidarität zwischen Mensch und Natur" (Watanabe 1973, 69) zu schaffen, bei dem man sich mit Gaben erfreuen und nebeneinander existieren konnte, darin bestand die gewaltige kulturelle Leistung, die schon die frühesten Jäger erbrachten, um sich in ihrer Welt zu orientieren und zu verorten. Dieses kulturelle Erbe formte den besonderen Charakter der Inselbewohner Japans: Ohne göttlichen Beistand und Schutz, ohne Metaphysik und heilige Gesetze tragen die Menschen Verantwortung für sich selber. Sie gestalten in tiefer Verbundenheit mit den gleichrangigen *Kami* seit Urzeiten ihr Dasein ohne Gebote oder Angst vor göttlichen Strafen. Sie kannten kein Jenseits, in dem gerichtet wird, keine Mächte, denen sie gehorchen und dienen sollen, können aber daher auch keinen Beistand oder Hilfe, Annahme und Vergebung von einer höheren Instanz erwarten.

Den Japanern selber ist dieser Zusammenhang kaum bewusst. Sie wissen nur wenig über die Ainu und können vielleicht durch den mangelnden Abstand zu ihrer eigenen Kultur nicht erkennen, dass ihre Wesensart, ihr Empfinden und Denken, ihre weltanschaulichen Prämissen schon von den frühesten Jägern herrühren. Dieses einmalige und ungewöhnliche Verständnis von der Welt, in dessen Mittelpunkt die *Kami* als Wesen einer parallelen Welt stehen, ist quasi ein Erbe der Jomon- und Ainu-Jäger und hat sich im kulturellen, moralischen und religiösen Gedächtnis der Japaner erhalten.

Während die Japaner von sich sagen, sie seien weitgehend unreligiös, wird ihre Welt doch heute noch von der Anwesenheit der *Kami* bestimmt. Auch der moderne Japaner verneigt sich noch ein wenig vor der Gegenwart der *Kami*, wenn diese sich in der Schönheit eines wilden Schneesturms, in der Gewalt eines Erdbebens oder heftigen Gewitters, in der Reinheit der Kirschblüten und der Schönheit eines sanften Dauerregens, der die Berge geheimnisvoll verschleiert, offenbaren - oder wenn ein Reisstrohband einen Stein, eine Felswand oder einen vom Blitz getroffenen Baum schmückt und damit die Gegenwart eines *Kami* anzeigt.

So kann man manchmal beobachten, dass Japaner aufstehen und sich verbeugen, wenn der Shinkansen von Kyoto nach Tokio am Fuji, dem heiligen Leib der Feuergöttin, vorbeirast. Hier schimmert noch die alte Fushi-Kamui der Ainu durch, deren mächtige Kraft sich aus den naturräumlichen Gegebenheiten Japans mit seinen vielen Vulkanen ableiten lässt. Auch die Ehrfurcht der Japaner vor den Wäldern hat ihre Ursache in dem Erhalter der Welt, dem Shiramba-Kamui der Ainu, der sich im Leben spenden Holz der Wälder offenbarte.

Nach monotheistischen Maßstäben ist das *Kami*-Konzept eher eine Weltanschauung, eine archaische Betrachtungsweise des Daseins, als eine Religion. Die Welt Japans ist durchwoben von *Kamis*, deren schöpferische Energie ihren Lebensraum beseelt und die Natur heiligt. Noch heute besuchen unzählige Japaner ganz selbstverständlich die vielen verschiedenen Shinto-Schreine und Matsuri-Feste, warten dem Reisgott in Izumo auf, pilgern nach Ise oder zum Mt.Iwaki, verbeugen sich vor einem *Iwakura*-Stein, um Segen für ihre wirtschaftlichen und familiären Aktivitäten zu bekommen. Sie verneigen sich für das Wohlergehen Japans vor der schöpferischen Kraft der *Kami*.

# Literatur

Adami, Norbert (1991): Religion und Schamanismus der Ainu auf Sachalin. Ein Beitrag zur historischen Völkerkunde Nordostasiens. München 1991

Antoni, Klaus (1988): Miwa, der heilige Trank. Zur Geschichte und religiösen Bedeutung des alkoholischen Getränkes (Sake) in Japan. Stuttgart 1988

Anesaki, Masaharu (1930): History of Japanese Religion. With special Reference to the social and moral Life of the Nation. London 1930

Batchelor, John (1901): The Ainu and their Folk-Lore. London 1972 (Reprint der Ausgabe von 1901)

Gerlitz, Peter (1994): Shintoismus, in: Tworuschka, Udo (Hg.): Heilige Stätten. Darmstadt 1994

Egenter, Nold (1991): In der oberen Hälfte unserer Stube wohnt der Bär, in: Thomas Kaiser, (Hg.): Bärenfest. Vom Dialog mit der Wildnis: Die Ainu Hokkaidos, Japan ( Völkerkundemuseum der Universität Zürich). Zürich 1991

Hallowell, Irving (1926): Bear Ceremonialism in the Northern Hemisphere, in: American Anthropologist 28 (1926)

Hampe, Michael (2011): Tunguska oder Das Ende der Natur. München 2011

Hori, Ichiro (1968): Folk Religion in Japan, Continuity and Change. Chicago 1968

Hattori, Shiro Hg. (1964) An Ainu Dialect Dictionary with Ainu, Japanese and English Indexes, Tokyo: Iwanami

Immoos, Thomas (1996): Shinto, in: Antes, Peter (Hg.): Die Religionen der Gegenwart. München 1996

Jensen, Adolf (1966): Die getötete Gottheit, Weltbild einer frühen Kultur. Stuttgart 1966

Kikuchi, Toshihiko (1999): Early Ainu Contacts with Japanese, in: Fitzhugh, William W./Dubreuil, Chisati O. (Hg ): Ainu. Spirit of a Northern People (National Museum of Natural History). Washington

Kindaichi, Kuosuke (1934) *Ainu bungadu* (Ainu literature) Tokyo: Kawade Shobo

Kindaichi, Kuosuke (1961) *Ainu Bunka shi* (Ainu culture) Tokiyo: Sanseido

Kitagawa, Joseph M. (1961): Ainu bear Festival (Lyomante): In History of Religions 1 Nr. 1, Chicago

Kitagawa, Joseph M. (1987): On Understanding Japanese Religion. Princeton 1987

Kiyoshi Yamaura und Hiroshi Ushiro (1999) Prehistoric Hokkaido and Ainu Origins in: Fitzhugh, William W./Dubreuil, Chisati O., Hg (1999): Ainu. Spirit of a Northern People (National Museum of Natural History). Washington

Kubudera, Itsuhiko (1956)*Ainu bingaku josetsu* (Introduction to Ainu literature), Tokyo Gakugei Daigaku Hokoku 7 secial mumber

Littleton, C. Scott (2005): Shintoismus. Köln 2005

Lokowandt, Ernst (1980): Undogmatisch und diesseitsbezogen: Religionen in Japan, in: Merian-Heft „Japan" 11/1980

Mahlstedt, Ina (2004): Die religiöse Welt der Jungsteinzeit. Darmstadt 2004

Mason, J. W. T. (1935): The Meaning of Shinto, The Primaeval Foundation of Creative Spirit in Modern Japan. New York 1935

Munro, Neil Gordon (1962): Ainu, Creed and Cult. London 1962

Naumann, Nelly (1996): Die Mythen des alten Japan. München 1996

Neumann, Käthe (1999): Die Religion der Japaner, in: Goldammer, Kurt (Hg.): Die Religionen der Menschheit. Stuttgart 1999

Obayashi, Taryo (1981): Ise und Izumo, die Schreine des Schintoismus. Freiburg/Basel 1981

Ohnuki-Tierney, Emiko (1974): The Ainu of the Northwest Coast of Southern Sakhalin. New York 1974

Okamura, Michio (2004): Die Lebenswelt einer Jäger- und Sammlerkultur – Die Jomon-Zeit, in: Zeit der Morgenröte. Japans Archäologie und Geschichte bis zu den ersten Kaisern. Handbuch (Publikationen der Reiss-Engelhorn-Museen, Bd. 11). Mannheim 2004

Ono, Sokyo (1962): Shinto. The Kami Way, Rutland and Tokio, 24. Aufl. 1993

Paulson, Ivar (1961): Schutzgeister und Gottheiten des Wildes, der Jagdtiere und Fische in Nordeurasien. Stockholm 1961

Philippi, Donald (1979): Songs of Gods, Songs of Humans. The Epic Tradition of the Ainu. Tokio 1979

Philippi, Donald (1991): Dialog der Arten, in: Kaiser, Thomas (Hg.): Bärenfest. Vom Dialog mit der Wildnis: Die Ainu Hokkaidos, Japan (Völkerkundemuseum der Universität Zürich). Zürich 1991

Pilsudski, Bronislav (1909): Das Bärenfest der Ajnen auf Sachalin, in: Globus – Illustrierte Zeitschrift für Länder- und Völkerkunde 96 (1909)

Pilsudski, Bronislav (1909): Der Schamanismus bei den Ainu-Stämmen von Sachalin, in: Globus – Illustrierte Zeitschrift für Länder- und Völkerkunde 95 (1909)

Randall, Lisa (2009): Verborgene Universen. Frankfurt a.M. 2009

Rosenkranz, Gerhard (1944): Shinto. Der Weg der Götter. München 1944

Shigeru, Kayano (1980): Our Land was a Forest. An Ainu Memoir. San Francisco 1980

Sternberg, Leo (1906): The Cult of the Inau, in: Boas Anniversary Volume. New York 1906, 425-437

Takiguchi, Susumu (2003): Japan, in: Cavendish, Richard (Hg.): Mythologie, Eine illustrierte Weltgeschichte des mythisch-religiösen Denkens, Darmstadt 2003

Tschechow, Anton (1982): Die Insel Sachalin. Berlin 1982
Utagawa, Hiroshi (1999): The Archäologie of Lyomante in: Fitzhugh, William W./Dubreuil, Chisati O.( Hg:) Ainu. Spirit of a Northern People (National Museum of Natural History). Washington
Watanabe, Hitoshi (1966): Die sozialen Funktionen des Bärenfestes der Ainu und die ökologischen Faktoren in seiner Entwicklung, in: Anthropos 61 (1966), 708-726
Watanabe, Hitoshi (1973): The Ainu Eco-system. Environment and Group Structure, Seattle/London 1973
Yabu, Toshiya (1992): Shinto, in: Tworuschka, Monika/Tworuschka, Udo (Hg.): Religionen der Welt. München 1992


**Lexika und Museumsschriften**

Cooper, J. C. (1986): Illustriertes Lexikon der traditionellen Symbole. Leipzig 1986
Fitzhugh, William W./Dubreuil, Chisati O., Hg (1999): Ainu. Spirit of a Northern People (National Museum of Natural History). Washington
Kaiser, Thomas (Hg.): Bärenfest. Vom Dialog mit der Wildnis: Die Ainu Hokkaidos, Japan (Völkerkundemuseum der Universität Zürich). Zürich 1991
Wieczorek, Alfried u.a. (Hg.): Zeit der Morgenröte. Japans Archäologie und Geschichte bis zu den ersten Kaisern. Handbuch (Publikationen der Reiss-Engelhorn-Museen, Bd. 11). Mannheim 2004
Martin, Jean-Hubert (Hg.): Altäre – Kunst zum Niederknien (Ausstellung Museum kunst palast Düsseldorf). Düsseldorf 2001
Der Ise-Schrein (1992 ): Das Freiwilligen-Komitee zur Förderung des internationalen Kulturaustausches von Ise

www.ingramcontent.com/pod-product-compliance
Lightning Source LLC
Chambersburg PA
CBHW070239240426
43673CB00044B/1855